FANTASTIC TALES

FANTASTIC TALES

by Mircea Eliade
and Mihai Niculescu

The Rumanian text,
with a parallel text in English,
translated and edited by
Eric Tappe

FOREST BOOKS
LONDON ☆ BOSTON

PUBLISHED BY
FOREST BOOKS

20 Forest View, Chingford, London E4 7AY, U.K.
61 Lincoln Road, Wayland, MA 01778, U.S.A.

First published by Dillons
1969
First published by Forest
1990

Printed in Great Britain by BPCC Wheatons Ltd, Exeter

Original texts © Authors
Translations © Eric Tappe

British Library Cataloguing in Publication Data

Eliade, Mircea, 1907–1986
   Fantastic tales.
   I. Title   II. Niculescu, Mihai
859.332 [F]

ISBN 0-948259-92-2

Contents

Preface *page vii*

Biographical Notes *page viii*

Mircea Eliade
Twelve Thousand Head of Cattle
page 10

Mircea Eliade
A Great Man
page 34

Mihai Niculescu
The Cobbler of Hydra
page 76

Acknowledgements

I AM GRATEFUL to the authors and their publishers for permission to reprint these stories in parallel with an English version. 'Twelve Thousand Head of Cattle' and 'A Great Man' are taken from M. Eliade, *Nuvele*, Editura Destin, Madrid, 1961 : 'The Cobbler of Hydra' from M. Niculescu, 'O singură linişte' in *Revista scriitorilor români*, 11, Societas Academica Daco-Romana, Munich, 1963.

Preface

THIS BOOK of parallel texts is not intended for those who are just beginning to learn Rumanian, but for those who have acquired some familiarity with its grammar and syntax. In this intermediate stage the constant need to refer to a dictionary while reading can be very discouraging. With a parallel text the reader can first read a passage in Rumanian, and then look across to the English to find the meaning of unfamiliar words and generally to check his interpretation. Notes are necessary from time to time, but have been kept to a minimum.

Just to read as has been indicated should be profitable. But the English version gives the meaning of each Rumanian word *only in that particular context;* to use a dictionary from time to time will increase the profit by showing other meanings of the word in question. There is as yet no Rumanian-English dictionary on a large enough scale to be really satisfactory; but the second edition of L. Leviţchi's *Dicţionar român-englez* will be helpful.

The three stories have been chosen partly for their interest and literary value, partly as having a fairly high proportion of useful vocabulary and a reasonable balance of description and dialogue. Their interest is by no means exhausted with one reading; in particular, the full subtlety of *Twelve Thousand Head of Cattle* and *The Cobbler of Hydra* may not become apparent till they have been re-read several times.

E. D. TAPPE

Biographical Notes

MIRCEA ELIADE

Born in Bucarest on 9 March 1907. He has described his schooldays and student life there in *Amintiri*, Madrid, 1966. He became interested in the East and in the history of religions while still a schoolboy. After graduating in 1928, he studied at the University of Calcutta for three years. Taking his Ph.D. in 1932, he was appointed associate professor in the Faculty of Letters at Bucarest University, 1933–39. He had been an author from his schooldays and had published articles regularly while a student. His novel *Maitreyi*, with an Indian background, appeared in 1933. Others, as well as a work on Yoga, followed during the 1930s.

In 1940 he was sent as Cultural Attaché to the Rumanian Legation in London, and transferred as Cultural Counsellor to Lisbon, 1941–44. From 1946–48 he was visiting professor at the Sorbonne. Finally in 1956 he began to lecture in the University of Chicago, and from 1958 has held the chair of History of Religions there. The many books with which he has made an important contribution in this field—he is a world authority on the subject—need not be listed here. Of fiction produced in the post-war years we may note *La Forêt Interdite*, Paris, 1954, and *Nuvele*, Madrid, 1961.

MIHAI NICULESCU

Born in Rumania on 29 April 1909. His childhood was spent in Oltenița near the Danube. The family then moved to Bucarest, where he went to secondary school and university. In his early twenties he started publishing poetry and literary criticism, mainly in the weekly *Universul literar*, of which he became editor just before the Second World War. In March 1943 he left Rumania for Paris, where he lived for thirteen years. His first book, *Amintiri în uniformă* (Argentina 1952) was mainly concerned with his wartime experiences as an officer on the Russian front. His second book, *Omul și pămîntul românesc* (Paris 1955), is an anthology illustrating the scenery and history of Rumania and its way of life by texts from the most significant Rumanian writers.

In 1956 he came to London. His third book, *Povestea vorbelor* (Paris 1959), relates a mystic quest against the background of a holiday on a tunny-boat, and was followed by *Carte de vise* (Rome 1966), recollections of his childhood in Oltenița. Besides these books he has published poetry and literary prose in Rumanian periodicals published in Paris, Rome and Madrid.

The Cobbler of Hydra, which first appeared in *Revista scriitorilor români* (Munich 1963) under the title *O singură liniște*, is an extract from a book not yet published—*Ieșire la mare (Vacanțe)*—which tells of his travels in France, Italy and Greece.

Douăsprezece mii de capete de vită

OMUL înălţă sticla goală în aer şi, clătinînd-o cu înţeles, făcu semn cîrciumarului să-i mai aducă vin. Apoi scoase o batistă colorată din buzunarul hainei şi începu să se şteargă absent, pe frunte. Era un bărbat între două vîrste, bine legat, aproape gras, cu o faţă rotundă, congestionată, fără expresie.

Cîrciumarul se apropiase tîrşindu-şi uşor piciorul.

— Dacă n-au venit pînă acum, nu mai vin, spuse aşezîndu-i carafa în faţă. E aproape douăsprezece . . .

Omul îl privi zîmbind, răsucind nedumerit batista colorată între degete.

— Nu mai vin!, repetă cîrciumarul rar, apăsînd cuvintele.

Ca şi cum deabia atunci l-ar fi auzit, omul îşi căută nervos ceasul, îşi lăsă capul pe ceafă şi privi minutarele de departe, lung, încruntîndu-se, silindu-se să nu clipească.

— Douăsprezece fără cinci, rosti el încet, parcă n-ar fi îndrăznit să-şi creadă ochilor.

Cu un gest neaşteptat, desprinse ceasul din lanţul gros, de aur, care-i atîrna de curea. Îl întinse cîrciumarului cu un zîmbet complice.

— Ia ţine-l în mînă! Ce zici? Cît crezi că face?

Cîrciumarul îl cîntări mult timp în amîndouă mîinile, nehotărît.

— E greu, vorbi el tîrziu. Parcă nici n-ar fi de aur. E prea greu ca să fie de aur! . . .

— E ceas împărătesc! L-am cumpărat la Odessa. A fost ceasul Ţarului . . .

Şi pentru că celalt, după ce se minunase cîteva clipe, clătinînd impresionat din cap, dăduse să se întoarcă la tejghea, îl reţinu, prinzîndu-i braţul.

— Eu sînt Gore, spuse. Ia un pahar şi vino să bei cu mine. Iancu Gore, om de încredere şi de viitor: aşa-mi spun mie prietenii . . .

Twelve Thousand Head of Cattle

THE MAN raised the empty bottle in the air and, shaking it meaningly, signalled to the innkeeper to bring him more wine. Then he drew a coloured handkerchief from his coat pocket and began to wipe his forehead absentmindedly. He was a middle-aged man, well-built, almost fat, with a round, apoplectic, expressionless face.

The innkeeper approached, his foot dragging slightly.

"If they haven't come yet, they are not coming at all," he said, setting the carafe in front of him. "It's almost twelve."

The man looked at him with a smile, twisting the coloured handkerchief between his fingers in a puzzled way.

"They won't come at all!" repeated the innkeeper slowly, stressing the words.

As if it were only then that he heard, the man felt nervously for his watch, let his head loll back and gazed at the hands from a distance, frowning and forcing himself not to blink.

"Five to twelve," he uttered softly as if he dared not believe his eyes.

With a short unexpected gesture he detached his watch from the thick gold chain which hung from his belt. He handed it to the innkeeper with a smile of complicity.

"Here, hold it! What do you say? What do you think it's worth?"

The innkeeper weighed it for a long time in both hands, undecided.

"It's heavy," he said at last. "I shouldn't think it's gold. It's too heavy to be gold."

"It's an imperial watch. I bought it at Odessa. It was the Tsar's watch."

And because the other, after some moments of astonishment, shook his head, impressed, and started to return to the bar, he held him back, gripping his arm.

"I am Gore," he said. "Take a glass and come and drink with me. Iancu Gore, a reliable man with a future; that's what my friends call me."

Un camion supraîncărcat trecu prin fața cîrciumii făcînd să-i tremure singura fereastră care mai avea geam. Gore își rezemase bărbia în palmă, zîmbitor. Urmărea cu interes mișcările cîrciumarului. Îl văzu cum își alege un pahar de sub tejghea, și îl clătește mult, cu grijă, ridicîndu-l necontenit în dreptul ochilor. Cu el în mînă, cîrciumarul se îndreptă spre masă, fără grabă, tîrșindu-și piciorul. Cînd își turnă tăcut, concentrat, din carafa cu vin, Gore îl întrebă, coborînd glasul:

— Cunoști pe unul Păunescu?
— Domnul Păunescu dela Finanțe? făcu cîrciumarul.

Își umpluse paharul și-l adusese în fața buzelor; dar se oprise brusc, parcă, în ultima clipă, și-ar fi amintit ceva.

— Dela Finanțe, întări Gore.

Cîrciumarul dădu repede paharul peste cap. Apoi își șterse mustețele cu dosul mînecii.

— Sta aici lîngă noi, la N-rul 14, dar s-a mutat acum. S-a mutat după bombardament, adăogă clipind ironic din ochi. Cică ar fi avut ordin dela Minister...

Și iar clipi cu înțeles. Dar Gore nu-l văzu. Întinsese mîna, la întîmplare, pe masă, și dăduse de batista colorată. Începu din nou să-și șteargă fruntea și obrajii, absent, aproape cu silă.

— Nu mi-a spus nimic, vorbi deodată. Mi-a spus că dacă oi avea nevoie de el, să nu-l mai caut la Minister, ci să vin direct aici, în strada Frumoasei. Dar la N-rul 14 nu mai stă nimeni. E pustiu...

— S-a mutat după bombardament, repetă cîrciumarul, reîntorcîndu-se încet spre tejghea. Cîtă omenire a mai murit și atunci!...

Doi șoferi intrară posomorîți fără să spună un cuvînt, și se așezară la masa de lîngă fereastra care își mai păstrase încă geamul. Gore își privi din nou ceasul, ținîndu-l cît mai departe.

— Douăsprezece și zece, oftă el cu gravitate.
— Nu mai vin, spuse cîrciumarul. Am scăpat și pe ziua de astăzi. Ne-a ajutat Dumnezeu și Maica Domnului și am scăpat...

Gore își băgă repede ceasul în buzunarul vestei, bătu înviorat cu palma în masă și strigă:

— Plata, meștere, că sîntem grăbiți!...

Apoi cu un efort scurt se ridică de pe scaun, își luă pălăria și se apropie șovăitor de tejghea.

— Avem treburi. Sîntem grăbiți!, spuse el de mai multe ori, foarte tare, ca și cum s-ar fi adresat tuturor.

Numără cîteva bancnote și, fără să mai aștepte restul, întinse

An overloaded lorry passed the inn, shaking the only window which still had glass. Gore had propped his chin in his palm, smiling. He was following the innkeeper's movements with interest. He saw him choose a glass from under the bar and clean it carefully, raising it to his eyes. Holding it, the innkeeper made for the table without haste, dragging his foot. When he had poured himself wine from the carafe with silent concentration, Gore asked him, lowering his voice:

"Do you know one Păunescu?"

"Mr. Păunescu of the Treasury?" said the innkeeper.

He had filled his glass and brought it to his lips; but he stopped suddenly, as if at the last moment he had remembered something.

"Yes, of the Treasury," affirmed Gore.

The innkeeper quickly emptied the glass. Then he wiped his moustaches with the back of his sleeve.

"He used to live here next to us, at No. 14, but he's moved now. He moved after the bombing," he added, winking ironically. "They say he had instructions from the Ministry."

And again he winked meaningly. But Gore did not see him. He had laid his hand at random on the table and had come upon the coloured handkerchief. He again began to wipe his forehead and cheeks absentmindedly, almost reluctantly.

"He didn't tell me anything," he said suddenly. "He told me, if I needed him, not to look for him at the Ministry, but to come straight here to Strada Frumoasei. But there's nobody now at No. 14. It's empty."

"He moved after the bombing," repeated the innkeeper, returning slowly to the bar. "What a lot of people died then!"

Two drivers entered gloomily without speaking a word and seated themselves at the table by the window which had still kept its glass. Gore again looked at his watch, holding it as far off as possible.

"Ten past twelve," he sighed gravely.

"They won't come," said the innkeeper. "We've escaped for today. God and the Virgin have helped us and we've escaped."

Gore quickly thrust his watch into his waistcoat pocket, banged vigorously on the table with the flat of his hand and called:

"Bill, landlord; we're in a hurry!"

Then with a short effort he rose from his seat, took his hat and approached the bar unsteadily:

"We're busy. We're in a hurry!" he said several times very loud, as if addressing everybody.

He counted out several notes and, without waiting for the change,

mîna cîrciumarului şi i-o strînse cu vigoare.
— Ai să mai auzi d-ta de mine, îi spuse. Ai să mai auzi de Iancu Gore.
Ajungînd în stradă, îl întîmpină căldura dulce a amiezii de Mai. Mirosea a trandafir sălbatec şi a moloz. Gore îşi îndesă pălăria pe cap şi pornea cu pasul agale.
— Pezevenghiul!, şueră el printre dinţi cînd trecu prin dreptul casei dela N-rul 14.
Era o casă modestă, de mahala, cu tencuiala crăpată în mai multe locuri.
— Escrocul! Mă poartă cu vorba, şi dumnealui îşi aranjează evacuarea. Poltron şi escroc! Mi-a mîncat trei milioane şi a şters-o, să se pună la adăpost. Mă lasă aici, singur, sub bombardament!...
Grăbi deodată pasul, furios, dar după ce ajunse la capătul străzii se opri brusc, înjură de mai multe ori, şi se reîntoarse aproape alergînd. În dreptul N-rului 14 îşi scoase pălăria şi-şi propti palma întreagă pe butonul soneriei. Rămase aşa multă vreme, cu pălăria într-o mînă, cu cealaltă rezemată de sonerie, ascultînd sunetul care se întorcea parcă de foarte departe, revenindu-i solitar şi sinistru din casa pustie. Simţi cum i se adună picăturile groase de sudoare pe sprincene, dar nu se îndura să-şi ia mîna de pe buton, să se şteargă. Era mîniat.
Atunci se auzi, stridentă, neverosimilă, sirena. Gore presimţi că i se vor înmuia picioarele şi ridică deznădăjduit privirile. Cerul era de un albastru spălăcit, cu cîţiva nori alburii alunecînd la întîmplare, ca şi cum nu s-ar fi hotărît încotro s-o apuce. — Sînt nebuni!, a trecut de douăsprezece, ce i-a apucat?, se trezi el gîndind. Începu să-şi caute, tremurînd, batista, şi şi-o trecu în neştire pe faţă. I se păru că aude glasuri în casele vecine, uşi trîntite, şi un ţipăt ascuţit de femeie tînără.
— Ionică!, strigă femeia. Unde eşti, Ionică?
Gore îşi zvîrli pe furiş privirile în toate părţile, apoi îşi plecă hotărît bărbia spre piept, şi o porni la fugă în susul străzii. Cu un ultim geamăt, prelung, speriat, sirena se stinse. Şase mii de capete de vită, de cea mai bună calitate, se trezi Gore gîndind. Am şi permisul de export. Doar să aprobe Ministerul de Finanţe... În acea clipă zări, lipit de un gard, bine cunoscutul afiş cu un deget arătător vopsit în negru: *La 20 de metri adăpost anti-aerian*. Simţi cum îi năvăleşte din nou sîngele în obraji şi se porni mai tare pe fugă. Cînd ajunse în faţa portiţei şi o deschise, auzi, foarte aproape, fluieratul scurt al unui sergent.

held out his hand to the innkeeper and squeezed heartily.
"You'll hear of me again," he told him. "You'll hear of Iancu Gore again."

Reaching the street, he was met by the sweet warmth of the May noon. There was a smell of wild roses and of rubble. Gore crammed his hat on his head and set off at a leisurely pace.

"The dirty twister!" he hissed between his teeth as he passed in front of No. 14.

It was a modest suburban house with its plaster cracked in several places.

"The crook! he puts me off and arranges to be evacuated. Coward and crook! He's had three millions off me and he's cleared out to take shelter. He leaves me here alone under the bombing!"

He suddenly quickened his pace, enraged, but after reaching the end of the street, stopped abruptly, swore several times and returned almost at a run. Outside No. 14 he took off his hat and pressed his whole palm on the bell-push. He stayed like that for some time with his hat in one hand and with the other on the bell, listening to the sound which seemed to return from very far off, coming back to him solitary and sinister from the empty house. He felt the thick drops of sweat gathering on his eyebrows, but he could not bring himself to take his hand off the bell and wipe himself. He was in a fury.

Then, strident and improbable, came the sound of the siren. Gore felt that his legs would sag and raised his glance despairingly. The sky was of a washed-out blue with a few whitish clouds gliding at random, as if they had not decided which direction to take. "They're mad! It's past twelve; what's come over them?", he found himself thinking. He began to look for his handkerchief, trembling, and passed it unconsciously over his face. He thought he heard voices in the neighbouring houses, doors banged, and a young woman's shrill scream.

"Ionică," called the woman. "Where are you, Ionică?"

Gore stealthily cast glances in all directions, then firmly lowered his chin to his chest and set off up the street at the double. With a last long startled groan the siren faded out. "Six thousand head of cattle, of the best quality!" Gore found himself thinking. "I've got the export licence. If only the Treasury gives its approval." At that moment he saw, stuck on a fence, the familiar notice with an index finger in black paint: *Air Raid Shelter 20 Metres*. He felt the blood pouring into his cheeks again and set off running harder. When he arrived in front of the door and opened it, he heard, very close by, the short whistle of a policeman.

Condus de afișul cu degetul arătător vopsit în negru, Gore se îndreptă către un fel de pivniță-subsol din fundul curții. Pe ușă scria cu litere mari: *Adăpost pentru zece persoane*. — N-avu timp să se umple, o să găsesc loc, își spuse Gore și deschise ușa. Era o odăiță cu ciment pe jos și cu fereastra tencuită. Un bec murdar atîrna de tavan; o căldare cu apă și cîțiva saci cu nisip se aflau așezați lîngă pereți. În mijlocul odăiei, două bănci de lemn. Un bătrîn și două femei îl priviră intrînd, fără curiozitate.

— Bună dimineața!, spuse Gore răsuflînd greu dar silindu-se totuși să zîmbească. Grozav am fugit, adăogă începînd să-și șteargă obrazul cu batista. Credeam că nu mai vin azi. Dacă n-au venit pînă la 12, credeam că nu mai vin . . .

— Eu vă spun că nu e alarmă adevărată, vorbi bătrînul cu un glas neașteptat de gros. Am auzit azi dimineață la Radio: se fac exerciții aeriene. S-a anunțat și aseară. E un exercițiu! . . .

Vorbind, se aprindea văzînd cu ochii. Era un bătrîn demn, cu o figură încă frumoasă: avea un păr bogat, cărunt, aproape alb, și, clipind neîncetat, ochii păreau că-i înoată în lacrimi. Una din femei întoarse capul și-l privi enervată. Putea fi o femeie bătrînă, dar nu i se ghicea vîrsta. Avea fața lătăreață, pătată, și o gură mare, aproape diformă, cu dinți vesteji și neregulați. După ce-i aruncă o privire lungă, batjocoritoare, se întoarse brusc către vecina ei.

— Coniță, eu nu mai stau! Nu-mi place aici, în pivniță. De azi dimineață mi se tot bate ochiul stîng. E semn rău . . .

— Elizaveto!, încercă s-o întrerupă cealaltă.

— . . . Eu zic să ne întoarcem în casă, coniță, continuă femeia vorbind tot mai repede. E mai bine la noi în casă. Eu zic că . . .

— Elizaveto!, ridică deodată glasul cealaltă, nu mă enerva că mi se urcă sîngele la cap și iar mi se face rău! . . .

Femeia părea de vreo cinzeci de ani; era uscățivă, și avea nasul lung și ochii reci, spălăciți. Era îmbrăcată sobru și totuși cu cochetărie; își tot potrivea, nervoasă, un șal roz-pal în jurul gîtului. Gore înțelese îndată că este o femeie de condiție, și, salutînd de mai multe ori din cap, își ceru voie să se așeze pe banca din față, alături de bătrîn. Dar niciuna din femei nu-i răspunse la salut.

— Eu sînt din Pitești, începu el puțin încurcat. Am venit aici cu treburi. Douăsprezece mii de capete de vită, de cea mai bună calitate. Avem și permis de export, avem tot ce ne trebuie . . .

Guided by the notice with the index finger in black paint, Gore made for a sort of cellar at the back of the yard. On the door it said in large letters: *Shelter for Ten Persons.* "It hasn't had time to fill up; I shall find room," said Gore to himself and opened the door. It was a small room with a cement floor and with the window plastered up. A dirty bulb hung from the ceiling; a bucket of water and some sandbags were set against the walls. In the middle of the room were two wooden benches. An old man and two women watched him enter without curiosity.

"Good morning!" said Gore, breathing hard but forcing himself to smile. "I've had a fearful run," he added, beginning to wipe his face with his handkerchief. "I thought they weren't coming today. If they didn't come by 12, I thought they wouldn't come at all."

"I tell you it's not a real alarm," said the old man in an unexpectedly thick voice. "I heard this morning on the radio; they're doing air exercises. It was announced last night too. It's an exercise!"

As he spoke, he visibly lit up. He was a dignified old man with a face that was still handsome; he had thick grey hair, almost white, and as he blinked incessantly, his eyes seemed swimming in tears. One of the women turned her head and looked at him in irritation. She might have been an old woman, but one could not guess her age. She had a rather broad, mottled face, and a large, almost deformed, mouth, with faded, irregular teeth. After casting him a long, mocking glance, she turned abruptly to her neighbour:

"I'm not staying any longer, ma'am! I don't like it here in the cellar. All this morning my left eye has been throbbing. It's a bad sign."

"Elizaveta!" the other tried to interrupt her.

"I say we should go back into the house," went on the woman, talking with increasing speed. "It's better at home. I say that . . ."

"Elizaveta!" the other suddenly raised her voice, "Stop annoying me! The blood is going to my head and I shall be ill again!"

The woman seemed about fifty years old; she was dried up and had a long nose and cold, faded eyes. She was soberly yet smartly dressed; she kept nervously adjusting a pale pink shawl round her throat. Gore at once realised that she was a lady, and bowing his head several times, he asked leave to sit on the opposite bench next to the old man. But neither of the women answered his greeting.

"I am from Pitești," he began, a little embarrassed. "I've come here on business. Twelve thousand head of cattle, of the best quality. We have an export licence; we have everything we need.

Unu-i Gore, Iancu Gore! adăogă coborînd puțin glasul și privindu-i pe toți pe rînd, cu un zîmbet viclean luminîndu-i fața.

Dar parcă nimeni nu l-ar fi ascultat. Îl priveau cu o neverosimilă indiferență, ca și cum n-ar fi fost acolo, lîngă ei. Elizaveta își făcea necontenit cruci murmurînd o rugăciune.

— Ai adus sărurile? întrebă enervată stăpîna.

Femeia dădu din cap, dar își continuă în șoaptă rugăciunea.

— Nu te mai ruga atît că tragi a rău! exclamă cucoana.

Gore tocmai voia să-și facă o cruce, dar se răzgîndi.

— Poate avem noroc și se duc mai departe, spre Ploiești, spuse el. Poate au trecut pe-aici doar ca să ne sperie. Pe ei îi interesează Ploieștiul. Sondele, petrolul . . .

Nu-i răspunse nimeni. Bătrînul părea că se mînie din nou.

— Am auzit cu urechile mele, azi dimineață, la Radio, că se vor face exerciții de apărare antiaeriană, începu el.

Apoi sări brusc de pe bancă și se apropie de ușă. Plecă ușor capul, ascultînd. Gore își scoase ca din întîmplare ceasul, îl cîntări lung în palma dreaptă, apoi îl trecu în palma stîngă. Cu pași ușori, bănuitori, bătrînul se reîntoarse în mijlocul odăiei.

— E ceas împărătesc, i-l arătă Gore. L-am cumpărat de ocazie, la Odessa. A fost ceasul Țarului . . . Ia să-l luați în mînă: o să vă speriați! . . .

Voi să-l desprindă din lanțul lui gros, de aur, cînd bătrînul, care parcă nici nu-l auzise, se adresă doamnei.

— Ați mai avut vești dela Păunescu, stimată Madam Popovici? întrebă el cu un zîmbet sarcastic.

— Ce-ți pasă d-tale? sări deodată, înțepată, Elizaveta. Mai bine ai fi plătit chiria! . . .

— Elizaveto, te rog, nu te amesteca, o întrerupse stăpîna.

Apoi aruncă o privire scurtă bătrînului și ridică din umeri fără să scoată un cuvînt. Brusc emoționat, Gore continuă să-și cîntărească ceasul, prefăcîndu-se că nu ascultă.

— Eu v-am atras atenția că nu e om serios, vorbi bătrînul. Am și eu relațiile mele. M-am informat, să nu credeți dv . . .

Gore simți cum îl cuprinde furia. Dacă Păunescu ar fi fost cinstit, dacă ar fi fost om de cuvînt, i-ar fi scos de mult aprobarea dela Finanțe, pentru care îi avansase deja trei milioane. Și acum ar fi fost cu marfa la frontieră: șase mii de capete de vită. Cîștig

There's only one Gore, Iancu Gore!" he added, lowering his voice a little and looking at them all in turn with a cunning smile lighting up his face.

But nobody seemed to have been listening to him. They watched him with an improbable indifference as though he were not there beside them. Elizaveta crossed herself unceasingly, murmuring a prayer.

"Did you bring the salts?" asked her mistress irritably.

The woman nodded, but continued to whisper her prayer.

"Stop all that praying; you'll bring bad luck!" exclaimed the lady.

Gore was just meaning to cross himself, but changed his mind.

"Perhaps we shall be lucky and they'll go further on, to Ploieşti," he said. "Perhaps they passed this way just to scare us. It's Ploieşti that interests them. The wells. The oil."

No one answered. The old man seemed to be getting angry again.

"I heard with my own ears this morning on the radio that there would be anti-aircraft defence exercises," he began.

Then he started abruptly from the bench and approached the door. He slightly bent his head and listened. Gore took out his watch as though by chance, weighed it for a long time in his right palm, then passed it to his left palm. With light, suspicious tread the old man returned to the middle of the room.

"It's an imperial watch," Gore showed him. "I bought it second-hand at Odessa. It was the Tsar's watch. Look, take it in your hand; you'll be surprised!"

He was about to detach it from its thick gold chain, when the old man, who seemed not to have heard him, addressed the lady.

"Have you had any more news from Mr. Păunescu, my dear Madame Popovici?" he asked with a sarcastic smile.

"What business is it of yours?" at once retorted Elizaveta, stung. "You had better have paid your rent!"

"Elizaveta, please don't interfere," interrupted her mistress.

Then she cast a brief glance at the old man and shrugged her shoulders without uttering a word. Suddenly excited, Gore continued to weigh his watch, pretending not to listen.

"I warned you that he wasn't a reliable man," said the old man. "I too have my contacts. I've investigated; don't think . . ."

Gore felt rage filling him. If Păunescu had been honest, if he had been a man of his word, he would long since have obtained the Treasury's approval for which he had already advanced him three millions. And now he would have been at the frontier with the

net: patruzeci de milioane. Nu şi-ar mai fi pierdut timpul la Bucureşti, nu l-ar mai fi prins bombardamentul . . .
— Îl cunoaşteţi pe Păunescu? se adresă el bătrînului, nemaiputîndu-se stăpîni. Pe Păunescu dela Finanţe?
Bătrînul se mulţumi să ridice din umeri, zîmbind, fără să-l privească.
— Dacă nu l-oi cunoaşte nici eu! spuse. În sfîrşit, eu mi-am făcut datoria şi v-am prevenit la timp . . .
— Îl cunoaşteţi bine? Ce fel de om e? întrebă în şoaptă Gore. Ca şi cum nu l-ar fi auzit, bătrînul trecu pe lîngă el şi se reaşeză pe bancă. Sînt nebuni! îşi spuse Gore. Întoarse capul şi scuipă, apoi îşi şterse gura cu batista.
— Coniţă, eu nu mai stau! exclamă Elizaveta sărind ca arsă în picioare. Iar a început să mi se bată ochiul! . . .
— Eşti nebună! spuse Madam Popovici apucînd-o de braţ.
Gore îşi făcu cruce, şi iar scuipă, întorcînd din nou capul.
— Dacă e exerciţiu, d-ta de ce ai venit?! se adresă Elizaveta bătrînului, cu un glas aspru, ascuţit, aproape ţipînd. Şi de ce stai? Ai venit numai ca să ne faci nouă în necaz! . . .
În acea clipă Gore auzi semnalul de încetarea alarmei şi se ridică de pe bancă.
— Am scăpat! strigă.
— Locuiesc şi eu în casă, şi după lege am dreptul la acest adăpost, răspunse bătrînul cu demnitate.
— Bogdaproste, că am scăpat! spuse Gore, făcîndu-şi cruce. Apoi se adresă bătrînului.
— Aţi avut dreptate. N-a fost bombardament. Nu s-a auzit nici un tun. Şi ce-a durat? . . .
Îşi scoase repede ceasul şi-l privi, de departe, încruntîndu-se.
— . . . N-a durat nici cinci minute!
— Ai să mă înebuneşti cu atîtea rugăciuni!, şopti Madam Popovici, sgîlţîind-o de braţ pe Elizaveta.
Gore îi cuprinse pe toţi dintr-o singură privire, şi zîmbi.
— Poate că ţi-a ascultat Dumnezeu rugăciunile, şi de-aia n-a fost bombardament, exclamă înveselindu-se.
Dădu să plece, dar în faţa uşii mai rămase cîteva clipe nehotărît, privindu-i pe rînd. Bătrînul îşi pironise ochii în tavan.

goods: six thousand head of cattle. Net profit: forty millions. He wouldn't have wasted time at Bucarest; he wouldn't have been caught by the bombing.

"Do you know Păunescu?" he said to the old man, unable to control himself any longer. "Păunescu from the Treasury?"

The old man merely shrugged his shoulders with a smile without looking at him.

"Me not know him!" he said. "Anyway, I did my duty and warned you in time."

"You know him well? What sort of man is he?" asked Gore in a whisper.

As if he had not heard him, the old man passed by him and sat down again on the bench. "They're mad!" said Gore to himself. He turned his head and spat, then wiped his mouth with his handkerchief.

"I'm not staying any longer, ma'am!" exclaimed Elizaveta, jumping to her feet as though burned. "My eye's begun to throb again!"

"You're mad!" said Madame Popovici, seizing her by the arm. Gore crossed himself and spat again, turning his head once more.

"If it's an exercise, why did you come!" said Elizaveta to the old man in a harsh, shrill voice, almost screaming. "And why do you stay? You've only come to upset us!"

At that moment Gore heard the All Clear signal and rose from the bench.

"We're safe!" he cried.

"I live in the house too, and by law I have a right to this shelter," replied the old man with dignity.

"Thank God, we're safe!" said Gore, crossing himself. Then he addressed the old man.

"You were right. It wasn't a bombardment. Not a gun was heard. And how long did it last?"

He quickly took out his watch and looked at it from a distance, frowning.

"It didn't even last five minutes!"

"You'll drive me mad with all those prayers!" whispered Madame Popovici, shaking Elizaveta by the arm.

Gore included them all in a single look and smiled.

"Perhaps God heard your prayers and that's why there wasn't a bombardment," he exclaimed gaily.

He made to leave, but stopped for a few moments before the door, undecided, looking at them in turn. The old man had fixed

— Tot mai staţi? întrebă Gore. Nu v-a fost deajuns?
Dar pentru că nimeni nu se hotăra să-i răspundă, deschise brusc uşa.
— Mama voastră de nebuni!, spuse el, printre dinţi, din prag.

Deabia tîrziu în stradă, îşi dete seama că-l orbise lumina soarelui şi că umblase în neştire, fără să se uite unde calcă. Escrocul de Păunescu! Simţea că din cauza lui îi pierise bucuria. Şase mii de capete de vită, îşi amintea el necontenit, cu exasperare. Cîştig net, patruzeci de milioane. M-a legat la ochi. Şi-a bătut joc de mine. L-a păcălit pe Iancu Gore!... Grăbi pasul dar nu izbuti să-şi domolească mînia. Umbla cu pălăria în mînă, ştergîndu-şi absent obrazul. Şi deodată se trezi în dreptul casei dela N-rul 14. Se opri o clipă, apoi scuipă, peste gard, pînă departe în curte.

— Hoţilor!, strigă.

Îşi înfundă pălăria pe cap şi se îndreptă spre cîrciumă. Regăsi cu plăcere răcoarea umedă dinlăuntru. Se aşeză pe acelaş scaun pe care stătuse cu o jumătate de ceas înainte. Cînd dădu cu ochii de el, cîrciumarul îi zîmbi.

— Servim şi masa, spuse.
— Adu întîi nişte vin şi două pahare, comandă Gore.

Şi începu să aştepte nerăbdător, bătînd cu degetele în masă. Cînd îşi umplură amîndoi paharele, Gore îl întrebă:

— Ia spune, meştere, ce fel de om e Păunescu? Ce ştii despre el?

Cîrciumarul îşi goli cu oarecare silă paharul, plescăindu-şi limba de mai multe ori.

— S-a mutat după bombardament, începu el.
— Bine, asta ştiu, îl întrerupse Gore. Mi-ai mai spus-o. Te întrebam dacă-l cunoşti bine. Am auzit că e cam escroc. A escrocat lumea ...

Cîrciumarul aşeză paharul pe tavă, şi clătină din cap.

— N-am auzit, spuse. Nu prea venea pe la noi ...
— Îţi spun eu, îl întrerupse din nou Gore.

Şi iar îl copleşi gîndul: şase mii de capete de vită. Aş fi fost acum la frontieră ...

— Şi-ţi mai spun ceva, continuă aprinzîndu-se. Îţi mai spun că nimeni nu se joacă cu Iancu Gore. Ţine minte dela mine. Aicea-s parale serioase. Douăsprezece mii de capete de vită. Avem permis, avem tot ce ne trebuie. Eu nu mă las escrocat, ca nebuna aia de

his eyes on the ceiling.

"You're still staying?" asked Gore. "Haven't you had enough?"

But as no one decided to answer him, he abruptly opened the door.

"Damned lot of lunatics!" he said between his teeth from the threshold.

Only later in the street did he realise that he had been blinded by the sunlight and had gone on unconsciously without looking where he was treading. "That crook Păunescu!" He felt that because of him his joy had vanished. "Six thousand head of cattle," he kept on recalling with exasperation. "Net profit, forty millions. He's hoodwinked me! He's had me on! He's made a fool of Iancu Gore!..." He hastened his step but did not succeed in calming his rage. He was going along hat in hand, absentmindedly wiping his face. And suddenly he found himself in front of No. 14. He stopped a moment, then spat over the fence far into the yard.

"Thieves!" he cried.

He rammed his hat on to his head and made for the inn. He was glad to regain the damp coolness inside. He sat down on the same chair where he had sat half an hour before. When he set eyes on him, the innkeeper smiled.

"We serve meals too," said he.

"First bring me some wine and two glasses," ordered Gore.

And he began to wait impatiently, tapping with his fingers on the table. When they had both filled their glasses, Gore asked him:

"Tell me, landlord, what sort of man is Păunescu? What do you know of him?"

The innkeeper emptied his glass with some discomfort, clicking his tongue several times.

"He moved after the bombing," he began.

"Yes, I know that," interrupted Gore. "You told me that before. I was asking you if you know him well. I've heard that he's a bit of a crook. He's cheated people."

The innkeeper put his glass on the tray and shook his head.

"I've not heard it," he said. "He didn't often come in here."

"I'm telling you," interrupted Gore again.

And again he was overwhelmed by the thought: "Six thousand head of cattle. I should have been at the frontier by now."

"And I tell you something else," he continued, firing up. "I tell you, nobody plays the fool with Iancu Gore. Take it from me. There's serious money involved. Twelve thousand head of cattle. We have the licence, we have everything we need. I don't let myself

Madam Popovici...
Cîrciumarul tresări și ridică mirat privirile.
— De unde știți de Madam Popovici? întrebă. Cine v-a spus?
— Treaba mea cine mi-a spus, făcu Gore cu un mare zîmbet misterios. Vorba e că eu nu sînt prost ca Madam Popovici...
— Săraca Madam Popovici. Dumnezeu s-o ierte! șopti cîrciumarul, și-și făcu evlavios o cruce mare, pe tot pieptul.
Gore îl privi lung, nedumerit, dar cu asprime.
— Ce te-a apucat? se răsti el deodată. De ce-ți faci cruce?
— Uite c-au trecut patruzeci de zile de cînd s-a prăpădit în bombardament, și nu i-a făcut nimeni pomană, puse cîrciumarul cu o subită oboseală în glas.
Gore se trase puțin înapoi și-l privi pe sub sprincene, încruntat.
— Atunci nu-i ea, spuse cu hotărîre. Eu îți vorbesc de una, Madam Popovici, femeie de condiție bună, ca la cinzeci de ani. O cucoană cu nasul lung. Stă aici, mai sus de escrocul ăla de Păunescu. Are o servitoare, cam nebună și ea, Elizaveta...
— Săraca Elizaveta!, zîmbi trist cîrciumarul. O cunosc de cînd a venit din Constanța, poate să fie doisprezece, treisprezece ani. De cînd a rămas văduvă Madam Popovici. I-am cunoscut pe toți. Veneau aici, serile, cînd aveam grădină...
— Ei, și ce-i cu ea? îl întrerupse nervos Gore.
— S-a prăpădit și ea în bombardament. Atunci, la 4 Aprilie, știți dv., cînd s-a crezut că e exercițiu, că se anunțase și la Radio...
— Fugi, domnule, că n-a murit!, îl întrerupse Gore. Îți spun eu. Le-am văzut adineaori, le-am auzit vorbind, eu, cu urechile mele...
Cîrciumarul clătină din cap zîmbind neîncrezător.
— Atunci n-au fost ele, Dumnezeu să le ierte, spuse. A căzut bomba chiar pe adăpost, în fundul curții. Casa s-a dărîmat și ea, a dat-o jos puterea aerului, dar bomba a căzut în plin pe adăpost. Nu s-a mai găsit nimic... Cîtă omenire a mai murit și atunci, adăogă parcă cu teamă, scăzînd glasul.
Gore îl ascultase încruntîndu-se, cu gura puțin căscată. Își scoase tăcut batista din buzunar și începu să se șteargă nervos pe față.
— Ascultă, meștere, începu el grav. D-ta vrei să-ți bați joc de

be cheated like that silly Madame Popovici."
The innkeeper started and raised his glance in surprise.
"How do you know about Madame Popovici?" he asked. "Who told you?"
"It's my business who told me," said Gore with a large mysterious smile. "The point is that I'm not a fool like Madame Popovici."
"Poor Madame Popovici, God forgive her!" whispered the innkeeper, and devoutly crossed himself all over his chest.
Gore stared at him, puzzled but fiercely.
"What's come over you?" he roared suddenly. "Why are you crossing yourself?"
"Well, you see, forty days have passed since she was killed in the bombing, and nobody has held a service for her," said the innkeeper with a sudden tiredness in his voice.
Gore drew back a little and looked at him from under his eyebrows, frowning.
"Then it's not her," he said with decision. "I'm talking about a Madame Popovici, a lady of standing about fifty years old. A lady with a long nose. She lives here, further up than that crook Păunescu. She has a servant, a bit mad like herself, Elizaveta."
"Poor Elizaveta!" said the innkeeper with a sad smile. "I've known her since she came from Constanța, it may be twelve or thirteen years ago. Since Madame Popovici was left a widow. I knew them all. They used to come here in the evenings, when I had a garden."
"Well, and what's the matter with her?" interrupted Gore irritably.
"She too was killed in the bombing. That time on April the 4th, you know, when it was thought that it was an exercise; it had been announced on the radio."
"Come off it, man; she's not dead!" interrupted Gore. "I'm telling you; I saw them just now, I heard them talking; I, with my own ears."
The innkeeper shook his head with an incredulous smile.
"Then it wasn't them, God forgive them," he said. "The bombs fell right on the shelter at the back of the yard. The house collapsed too, the blast knocked it down, but the bomb fell plumb on the shelter. Nothing was found. What a lot of people died that time!" he added with an appearance of terror, lowering his voice.
Gore had listened to him with a frown, his mouth a little open. He drew his handkerchief out of his pocket in silence and began to wipe his face nervously.
"Listen, landlord," he began gravely, "you're trying to pull my

mine. Crezi că dacă am băut adineaori doi litri de vin, mi-am pierdut minţile. Dar d-ta nu mă cunoşti pe mine. Eu, dacă vinul e bun, îţi beau şi o vadră. Vino la Piteşti, ca să-ţi spună lumea cine e Iancu Gore. Eu sînt om de multe milioane, meştere. Îmi pare rău că m-am încurcat cu escrocul ăla de Păunescu. Că eram în regulă, aveam tot ce ne trebuie . . .
Cîrciumarul îl asculta intimidat, încercînd să zîmbească.
— Poate aţi confundat-o cu cineva, încercă el să se scuze.
— Dacă îţi spun că le-am auzit adineaori, pe Madam Popovici şi pe Elizaveta, certîndu-se cu chiriaşul . . .
— Cu domnul judecător? îl întrerupse speriat cîrciumarul. Cu domnul Protopopescu? Aţi aflat-o şi p-asta?
— Erau acolo în adăpost, şi am înţeles despre ce era vorba. Nu-i plătise chiria!
Cîrciumarul îl privi lung.
— Dar ce căutaţi în adăpost?, întrebă el tîrziu ca să schimbe vorba.
— Nu că mi-a fost frică, dar cînd am auzit adineaori alarma, am intrat şi eu, ca toată lumea, în adăpost. Aşa sînt ordinele . . .
— Azi n-a fost nicio alarmă, şopti cîrciumarul şi plecă vinovat privirile.
Gore bătu cîtva timp cu degetele în masă, încercînd să se stăpînească.
— Ce-aveţi de mîncare pe ziua de azi? întrebă el deodată.
— Varză cu carne.
— Adu-mi o porţie dublă . . .
Cîrciumarul trecu în dosul tejghelei, apoi dispăru în bucătărie. Gore îşi aminti de crucile pe care şi le făcuse speriat, şi începu deodată să rîdă.
— Mama voastră de nebuni! şueră el printre dinţi.
Un grup de muncitori intrară chiar atunci şi-l priviră o clipă cum rîde singur. Apoi se aşezară la masa din dreptul ferestrei care mai avea geam, şi începură să vorbească între ei. Cîrciumarul se întoarse cu o farfurie mare, fumegîndă, pe o tavă şi o jumătate de pîine.
— Am scăpat şi pe ziua de azi, domnu Costică!, spuse unul din muncitori. Un rînd de ţuici . . .
— A fost doar un exerciţiu, vorbi Gore întorcînd capul. N-a ţinut nici cinci minute. Cică s-ar fi anunţat la Radio. Dacă aş fi ştiut, nici nu intram în adăpost . . .
Cîrciumarul se reîntoarse la tejghea şi umplu cu grijă păhăruţele

leg. You think that if I drank two litres of wine just now on an empty stomach, I've lost my grip. But you don't know me. If the wine's good, I drink as much as three gallons. Come to Pitești for people to tell you who Iancu Gore is. I'm a millionaire, landlord. I'm sorry that I've got involved with that crook Păunescu. We were O.K.; we had all we needed."

The innkeeper was listening to him, abashed, trying to smile.

"Perhaps you've confused her with someone else," he said in an attempt to excuse himself.

"If I tell you that I heard them just now, Madame Popovici and Elizaveta, quarrelling with the tenant . . ."

"With the Judge?" interrupted the innkeeper, startled. "With Mr. Protopopescu? Have you discovered that as well?"

"They were in the shelter, and I realised what it was about. He hadn't paid his rent!"

The innkeeper stared.

"But what were you doing in the shelter?" he asked at length, to change the subject.

"It wasn't that I was afraid, but when I heard the alarm just now, I went into the shelter like anyone else. Those are the orders."

"There's been no alarm today," whispered the innkeeper, and dropped his gaze guiltily.

Gore tapped his fingers on the table for a while, trying to control himself.

"What have you to eat today?" he asked suddenly.

"Cabbage and meat."

"Bring me a double helping."

The innkeeper passed behind the bar, then disappeared into the kitchen. Gore recalled the signs of the cross which he had made when startled and began to laugh.

"Bloody lunatics!" he hissed through his teeth.

A group of workmen came in at that moment and watched him laughing to himself. Then they sat down at the table in front of the window which still had glass, and began to talk among themselves. The innkeeper returned with a large, steaming plate on a tray and half a loaf.

"We're safe for today, Mr. Costică!" said one of the workmen. "A round of plum brandies."

"It was only an exercise," said Gore, turning his head. "It didn't last five minutes. They say it was announced on the radio. If I had known, I wouldn't have gone into the shelter."

The innkeeper returned to the bar and carefully filled the little

de țuică.
— Dumnealui spune că a fost alarmă, vorbi el deodată prinzînd curaj.
— Exercițiu!, strigă Gore cu oarecare greutate căci avea gura plină.
— N-a fost, spuseră mai mulți deodată. Exercițiu a fost săptămîna trecută. Azi n-a fost nimic...
— ... Spune că a văzut-o și a auzit-o pe Madam Popovici și pe Elizaveta, dela casa mare cu grilaj, continuă cîrciumarul. Și pe d-l judecător Protopopescu, chiriașul lui Madam Popovici. Acolo unde a căzut bomba chiar pe adăpost...
Oamenii își îndreptară pe rînd privirile către Gore, care mînca grăbit și spornic, reținîndu-și anevoie mînia.
— Am lucrat acolo o săptămîna întreagă, ca să curățim strada, spuse cu dezgust unul din muncitori. Nu rămăsese decît grilajul în picioare...
— A confundat cu cineva, vorbi altul.
Gore își întoarse scaunul ca să-i poată privi mai bine. Își șterse gura și obrazul cu șervetul, apoi îl trînti enervat pe masă.
— Cine ține prinsoare cu mine pe-o damigeană de țuică?, spuse ridicîndu-se hotărît în picioare.
— Ce fel de prinsoare? întrebă cineva.
— Să vă arăt adăpostul, și apoi să vă arăt pe Madam Popovici și pe Elizaveta, continuă Gore. Mă duc eu în casă și le explic că am pus rămășag, și o rog să vină la ușă, sau măcar la fereastră, și să vă vorbească.
Cîțiva începură să rîdă.
— E cam departe, spuse unul din muncitori.
— Vedeți că n-aveți curaj?, strigă triumfător Gore.
— Ba eu țin prinsoarea, vorbi un tinerel, sculîndu-se și dîndu-și grăbit peste cap păhăruțul cu țuică. Am lucrat la N-rul 74, la casa cu grilaj...
Gore îl aștepta în mijlocul încăperii, zîmbind, și-i strînse mîna cu amîndouă palmele, ca să vadă toți că s-a prins rămășag. Apoi, grăbit, se reîntoarse la masă, își luă pălăria și se îndreptă spre ieșire. Cîtiva muncitori se ridicară gălăgioși dela masă și-l urmară.
— Să pui de cafea, că ne-ntoarcem îndată strigă Gore, din prag, cîrciumarului.
Afară căldura i se păru neobișnuită. Deși era doar mijlocul lui Mai, i se părea că trotuarul dogorea ca în timpul verii. Grăbi totuși pasul, încruntat, și cînd trecu prin dreptul casei lui Păunescu,

brandy glasses.

"This gentleman says there was an alarm," he suddenly said, taking courage.

"An exercise!" cried Gore, with some difficulty as he had his mouth full.

"No," said several at once. "The exercise was last week. There's been nothing today."

"He says that he saw and heard Madame Popovici and Elizaveta from the big house with the iron railings," went on the innkeeper. "And Judge Protopopescu, Madame Popovici's tenant. There where the bomb fell right on the shelter."

The men turned their gaze one after another upon Gore, who was eating quickly and heartily, holding back his rage with difficulty.

"We worked there a whole week to clear the street," said one of the workmen with disgust. "Only the railings were left standing."

"He's confusing them with someone else," said another.

Gore turned his chair so as to be able to watch them better. He wiped his mouth and face with the napkin, and then flung it irritably on the table.

"Who'll bet me a demijohn of plum brandy?" he said, rising resolutely to his feet.

"What sort of bet?" asked someone.

"That I'll show you the shelter, and then show you Madame Popovici and Elizaveta," continued Gore. "I'll go into the house myself and explain to them that I've laid a wager and ask her to come to the door, or at least to the window, and speak to you!"

Some began to laugh.

"It's rather far," said one of the workmen.

"You see, you haven't the courage!" cried Gore in triumph.

"No, I'll take the bet," said a young chap, getting up and quickly swallowing his glass of brandy. "I worked at No. 74, the house with the railings."

Gore waited for him in the middle of the room, smiling, and shook his hand with both palms, so that everyone should see that the bet was on. Then quickly he returned to the table, took his hat and made for the exit. Several workmen rose noisily from their table and followed them.

"Put some coffee on, we'll be back immediately," cried Gore from the threshold to the innkeeper.

Outside, the heat seemed phenomenal. Although it was only the middle of May, it seemed to him that the pavement was as hot as in summertime. Nevertheless he quickened his pace, frowning, and

nici nu ridică ochii s-o privească. Oamenii îl ajunseră repede, dar văzînd că nu scoate un cuvînt îl lăsară să meargă singur înainte. Vorbeau între ei, rîzînd pe înfundate. După vreo cinci minute, tinerelul făcu cîțiva pași înainte și-l prinse de braț.

— Am ajuns!, îi spuse.

Gore se opri și zvîrli o privire repede peste umăr, spre casă. Un grilaj de fier în formă de lance se menținea încă prins într-o temelie lată de ciment. Din casă nu mai rămăsese decît scările de piatră dela intrare; cîteva trepte care se pierdeau într-o massă informă de cărămizi, bîrne și moloz.

— Nu-i asta, spuse Gore clătinînd din cap, și dădu să pornească mai departe.

— Aici e N-rul 74, vorbi tinerelul. Casa cu grilaj . . .

— Nu mă privește, spuse Gore întunecat. Eu am făcut rămășag că-ți arăt pe Madam Popovici. Veniți cu mine, adăogă. Nu mai e mult . . .

Și o porni din nou. Dar după cîțiva pași începu să privească în toate părțile, dezorientat. Aerul mirosea a fum și a moloz. Trotuarul era spart în mai multe locuri, și pe anumite distanțe nu se mai cunoștea. Pe toată partea aceasta, cîteva zeci de metri în susul străzii, nu mai rămăsese nici o casă în picioare. Se vedeau doar, din loc în loc, cîte un zid rezemat în bîrne sau cîte o frîntură de scară interioară, suspendată curios deasupra ruinilor. Gore își îndreptă enervat privirile de partea cealaltă a străzii. Acolo mai erau case neatinse, dar aproape nici una nu mai avea geamuri. Ferestrele erau pe jumătate astupate cu scînduri prinse în cuie.

— A fost un covor de bombe, spuse cineva.

Gore o porni repede înainte, și grupul îl urmă bine dispus. După cîteva minute, tinerelul îl prinse iar de braț.

— S-a terminat cu strada Frumoasei, îi spuse. Asta-i strada Grădinilor. La capăt e stația de tramvai . . .

— Ce-mi pasă? șueră furios Gore.

Și mai făcu cîțiva pași. Apoi se opri, triumfător, în dreptul afișului cu un deget arătător vopsit în negru. Degetul indica direcția de unde veniseră. Cu litere mari sta scris: *Adapost anti-aerian la 100 de metri*. Cineva adăogase cu un creion chimic: Strada Frumoasei N-rul 74.

— Acolo e, unde v-am oprit eu, spuse tinerelul după ce, peste

when he passed in front of Păunescu's house, he did not even lift his eyes to look at it. The men quickly caught up with him, but seeing that he did not utter a word, they left him to go on ahead by himself. They were talking among themselves with suppressed laughter. After some five minutes the young chap took several steps forward and caught him by the arm.

"We're there!" he told him.

Gore stopped and cast a swift glance over his shoulder towards the house. An iron railing with a spear design still stood, held by a broad cement base. Of the house nothing remained but the stone steps at the front door; a few steps which vanished into a shapeless mass of bricks, beams and rubble.

"That's not it," said Gore, shaking his head, and made to go further.

"That's No. 74," said the young chap. "The house with the railings."

"It's nothing to do with me," said Gore gloomily. "I've made a bet that I'll show you Madame Popovici. Come with me," he added. "It's not much further."

And he set off again, But after a few steps he began to look in all directions at a loss. The air smelt of smoke and rubble. The pavement was broken in several places, and for certain stretches was unrecognisable. In all this section, for several dozen metres up the street, not a single house had been left standing. All that was visible here and there was a wall propped up by beams or a fragment of an inside staircase, hanging oddly over the ruins. Gore directed his gaze irritably to the other side of the street. There were still houses over there untouched, but hardly one had any glass. The windows were half blocked with boards nailed up.

"It was carpet bombing," said somebody.

Gore pushed on ahead, and the group followed him good-humouredly. A few minutes later the young chap again caught him by the arm.

"We've come to the end of Strada Frumoasei," he told him. "This is Strada Grădinilor. At the end is the tram stop."

"What do I care?" hissed Gore furiously.

And he took a few more steps. Then he stopped in triumph opposite the notice with an index finger in black paint. The finger pointed in the direction from which they had come. In large letters was written: *Air Raid Shelter 100 Metres*. Someone had added in indelible pencil: "No. 74 Strada Frumoasei."

"That's where I stopped you," said the young chap, when he had

umărul lui Gore, citi afișul.
  Gore întoarse capul și privi încă odată strada pustie pe care venise. Întîlni aceleași ruini, aceleași grămezi de cărămizi și moloz, din care se desprindea stingher cîte-un drug încovoiat. Toate acestea, înțelese el, din cauza escrocului de Păunescu. Ar fi fost acum la frontieră, cu șase mii de capete de vită . . .
  — Mama voastră de nebuni!, șopti el.
  Și voi să treacă drumul. Dar oamenii strigară după el, rîzînd:
  — Hei, domnul, damigeana! . . . Așa ne-a fost vorba?! . . .
  Cîteva secunde, își continuă mersul fără să se întoarcă. Dar tinerelul puse palmele la gură, și-i strigă din toate puterile:
  — Ați plătit cărciumarului? Sau vreți să-i trageți și lui chiulul?
  Se opri deodată, cu obrajii dogorînd, și se întoarse hotărit spre ei.
  — Voi nu știți cine e Gore, le spuse de departe scoțîndu-și portmoneul. N-ați auzit de Iancu Gore, om de încredere și de viitor . . . Dar o să auziți, adăogă. O să auziți de Iancu Gore . . .
  Și începu să numere nervos bancnotele, silindu-se să zîmbească. Un copil trecu atunci drumul. O femeie tînără îl zări de departe și începu să-l strige.
  — Ionică! Unde mi-ai fost, Ionică? Te caut de un ceas, diavole! . . .

Paris, Decembrie 1952

read the notice over Gore's shoulder.

Gore turned his head and looked again at the desolate street along which he had come. He met the same ruins, the same heaps of bricks and rubble, out of which here and there a bent bar awkwardly protruded. All this, he realised, because of that crook Păunescu. He would have been at the frontier now with six thousand head of cattle.

"Bloody lunatics!" he whispered.

And he tried to cross the road. But the men called after him, laughing:

"Hey, mister, the demijohn! Is this what we agreed?"

For several seconds he kept on his way without turning. But the young chap put his hands to his mouth and called at the top of his voice:

"Did you pay the innkeeper? Or are you trying to diddle him too?"

He stopped suddenly with burning cheeks and turned resolutely towards them.

"You don't know what sort of a man Gore is," he told them from a distance as he took out his purse. "You haven't heard of Iancu Gore, a reliable man and a man with a future. But you will," he added. "You'll hear of Iancu Gore."

And he began to count out the notes nervously, forcing himself to smile. Then a child crossed the road. A young woman saw him from a distance and began to call him.

"Ionică! Where've you been, Ionică? I've been looking for you for an hour, you devil!"

Un om mare

PE EUGEN CUCOANEŞ îl cunoscusem încă din primele clase de liceu, dar nu ne împrietenisem niciodată. În Universitate îi pierdusem urma. Aflasem doar că se înscrisese la Politehnică. Întîlnindu-l odată întîmplător într-o tutungerie, cîţiva ani mai tîrziu, îmi spusese că îşi luase diploma şi dobîndise un post, neaşteptat de bine retribuit, într-un oraş din Ardeal. Nu l-am mai văzut deatunci. Care nu mi-a fost deci mirarea cînd, într-un amurg peste măsură de trist din Iulie 1933, mă trezesc cu el intrînd în camera mea de lucru. Fireşte, l-am recunoscut îndată, dar mi s-a părut schimbat; chiar acei cinci, şase ani care trecuseră dela ultima noastră întîlnire, nu dedeau cu totul seama de neaşteptata schimbare a înfăţişării lui.

— Ştii că am început să cresc! îmi mărturisi el brusc, înainte de a fi avut timpul de a-i pune vreo întrebare. Întîi nu mi-a venit să cred, dar m-am măsurat şi m-am convins că aşa e: de vreo săptămînă, am crescut enorm. Poate, 6–7 centimetri... Eram cu Lenora pe stradă, şi am observat deodată amîndoi. Şi azi dimineaţă, diferenţa era şi mai mare...

Străbătea în glasul lui o uşoară nelinişte. Şi nu-şi găsea locul; cînd aşezîndu-se pe speteaza unui fotoliu, cînd pornind dela un capăt la altul al biroului, plimbîndu-se nervos, cu mîinile la spate. Am observat că nu ştia cum să-şi mai ascundă mîinile, şi am înţeles; manşetele îi ieşeau exagerat în afară, oricît se trudea el să-şi tragă necontenit mîneca hainei.

— Trebue să le trimit pe toate la croitor, să le dea drumul, vorbi el surprinzîndu-mi privirile.

Încercai să-l liniştesc, amintindu-i că în liceu se tot plîngea că va rămîne scund. Mă întrerupse din nou.

— Dacă aş fi crescut şi eu ca oamenii, într-un an, doi... Dar aşa, *în cîteva zile!* ... Ce să-ţi spun, a început să-mi fie frică. Tare mi-e teamă să nu fie o boală a oaselor...

Şi pentru că vedea că nu ştiu ce şa-i spun, schimbă vorba.

— Am trecut pe la tine, aşa, într-o doară, să văd dacă n-ai plecat cumva în vacanţă... Căci, ştii, am fost mutat la Bucureşti

A Great Man

I HAD known Eugen Cucoaneş since the first form of our grammar school, but we had never become friends. I had lost track of him at the University. All that I had heard was that he had enrolled at the Polytechnic. When I met him once by chance, some years later, at a tobacconist's, he had told me that he had taken his diploma and obtained a post, unexpectedly well paid, in a town in Transylvania. Since then I had not seen him again. What then was my surprise when on an exceedingly gloomy evening of July 1933, I found him entering my study. Naturally I recognised him at once, but I thought him changed; even the five or six years which had passed since our last meeting did not wholly account for the unexpected change in his appearance.

"Do you know, I've begun to grow!" he told me abruptly before I had time to ask him a question. "At first, I couldn't believe it, but I've measured myself and I'm convinced that it's so; in about the last week, I've grown enormously. Six or seven centimetres, perhaps. I was with Lenora in the street, and we both noticed it at the same time. This morning, the difference was even greater."

A slight uneasiness showed itself in his voice. And he could not keep still; now he settled on the back of an armchair, now he went from one end of the other of the study, with his hands behind his back. I noticed that he was at a loss to conceal his hands, and I understood why; his cuffs were protruding excessively, however much he struggled to pull down the sleeve of his coat.

"I must send them all to the tailors, to let them out," he said, catching my glance.

I tried to soothe him by reminding him that at school he had always complained that he would remain short. He interrupted me again.

"If only I had grown like other people, over a year or two. But like this . . . *in a few days!* I tell you, I've begun to feel frightened. I'm very much afraid it may be a disease of the bones."

Seeing that I did not know what to say, he changed the subject.

"I called in on you like this on chance, to see whether you had gone away for a holiday or not. I've been moved to Bucarest,

și sîntem mai mult sau mai puțin vecini. Eu mi-am găsit un mic apartament pe strada Lucaci...

Mi-a lăsat numărul casei și mi-a spus orele cînd îl pot găsi. Apoi mi-a strîns mîna și a plecat.

Ușor de închipuit nedumerirea mea în toată săptămîna aceea. Nu era medic prieten pe care să nu-l caut și căruia să nu povestesc cazul lui Cucoaneș. Cum era de așteptat, el însuși se dusese a doua zi la un specialist în tuberculoză osoasă, să-și facă examenele necesare. Tot ce-a putut afla, a fost că, deocamdată, nu e vorba de tuberculoză osoasă, ci de un fenomen, cum se exprimase doctorul, macrantropic, cunoscut, se înțelege, în analele medicinii, dar, de data aceasta, cu un ritm cu totul neobișnuit. Într-adevăr, neobișnuit: căci, vizitîndu-l pe Cucoaneș a treia zi, înainte de cină, oră cînd îmi spusese că-l găsesc negreșit acasă, m-am speriat intrînd în odaie; prietenul meu mă întrecea acum cu cel puțin cinsprezece centimetri. Și crescuse cu totul proporționat; devenise, cum se spune, un om înalt și bine făcut. Hainele i se potriveau atît de prost încît, de rușine, Cucoaneș își scosese vestonul și îmbrăcase un halat de baie, căruia îi descususe și lungise mînecile. Și zădarnic își lăsase pantalonii să-i atîrne; abia îi ajungeau pînă deasupra gleznei, iar cînd se așeza pe scaun, i se ridicau simțitor dîndu-i un aer mizer de om sărman în hainele altuia.

— Ei, ce vești?! întrebai cu jumătate de glas ca să rup tăcerea care se prelungea în neștire. Ce spune doctorul?

— Macrantropie!, răspunse cu o stranie liniște Cucoaneș.

— Splendid!, exclamai. Asta înseamnă că ai să ajungi un "om mare"... Nici nu e așa de rău!...

— Ai cam ales rău momentul dacă ai voit să faci o glumă, mă întrerupse Cucoaneș.

Apoi se ridică de pe scaun și începu să se plimbe. Văzîndu-mă că scot pachetul să-mi aprind o țigare, se apropie și îmi ceru și el una.

— Dar de cînd ai început să fumezi?, întrebai ca să spun ceva.

— Uite acum... Poate că mi-o face bine...

Țigarea aceea, în orice caz, nu i-a făcut bine, și a zvîrlit-o după cîteva fumuri, pe care nu știa cum să le înghită fără să se înece. Dar, puține minute în urmă, mi-a cerut o a doua țigare, și pe aceasta a fumat-o pînă la carton, cu neîndemînare, dar înverșunat.

— ... M-am măsurat înainte de a veni tu, începu deodată Cucoaneș cu o obosită nedumerire în glas. Uite aici, la ușa asta.

you know, and we are more or less neighbours. I have found myself a little flat in Strada Lucaci."

He left me the number of the house and told me the times when I could find him. Then he shook hands and went away.

You can easily imagine my bewilderment all that week. I looked up every doctor friend that I had and told him Cucoaneş' case. As was to be expected, he himself had gone next day to a specialist in tuberculosis of the bones, to have the necessary examinations. All that he could discover was that, for the present, there was no question of tuberculosis of the bones, but of what the doctor called a macranthropic phenomenon, known, of course, in the annals of medicine, but in this case developing with unusual rapidity. Unusual indeed; when I visited Cucoaneş two days later before supper, when he had told me that I should certainly find him at home, I was startled as I entered the room; my friend was now at least fifteen centimetres taller than I was. And he had grown proportionately; he had become what one would call a tall, well-built man. His clothes fitted him so badly that in shame Cucoaneş had taken off his coat and put on a bath gown, the sleeves of which he had unpicked and lengthened. It was to no purpose that he had let down his trousers; they scarcely reached his ankles, and when he sat on the chair, they rose perceptibly, giving him the wretched air of a poor man in someone else's clothes.

"Well, what news?" I asked in a low voice, to break the imperceptibly lengthening silence. "What does the doctor say?"

"Macranthropy!" replied Cucoaneş with a strange tranquillity.

"Splendid!" I exclaimed. "That means that you will become 'a great man.' Not such a bad thing, either!"

"You have chosen a bad moment, if you meant that for a joke," interrupted Cucoaneş.

Then he rose from his chair and began to walk about. Seeing me take out my packet to light a cigarette, he approached and asked me for one.

"But when did you start smoking?" asked I, for the sake of talking.

"Just this moment! Perhaps it'll do me good."

That cigarette, at any rate, did him no good, and after a few puffs he threw it away, not knowing how to inhale without choking. But a few minutes later he asked me for a second cigarette, and this one he smoked down to the tip, unskilfully but doggedly.

"I measured myself before you came," Cucoaneş began suddenly with a weary bewilderment in his voice. "Look here, at this door.

Şi, de azi dimineaţă dela 9, am crescut mai bine de un centimetru. Înţelegi ce-nseamnă asta?! Cresc văzînd cu ochii!...

— Poate mănînci prea mult, încercai eu o timidă consolare. Sau poate mănînci feluri care îţi sînt interzise. Probabil că trebue să eviţi calciul...

— Şi calciul, şi fierul, şi vitamina B, şi cam toate celelalte vitamine, toate îmi sînt interzise, izbucni Cucoaneş. N-am mîncat nimic de aseară, în afară de o felie de pîine uscată şi un ceai cu puţin zahăr. Ca să nu-mi mai bat capul cu regimul, am suprimat toate felurile. Le-am suprimat, pur şi simplu...

— Ei şi?! îl întrebai, văzîndu-l că tace deodată.

— Mor de foame! Îmi vine ameţeală de foame, dar de crescut, cresc înainte, cresc mereu, creşte-mi-ar numele de nu s-ar mai auzi!...

Începeam să mă simt de prisos.

— Am să mai trec să te văd, îi spusei întinzîndu-i mîna.

Am venit de atunci în fiecare seară. În faţa casei lui începuseră să se adune, încă de a treia zi, grupuri de curioşi, căci se aflase de strania lui boală şi aproape nimeni nu voia să creadă decît văzînd cu propriii lui ochi. Cum prietenul meu nu mai ieşea din casă, curioşii se mulţumeau cu veştile şoptite de vecini. Singurele informaţii le putea da bucătăreasa, dar fiecare le amplifica după măsura imaginaţiei lui.

— Ei, cum stăm?, îl întrebai, două seri în urmă, intrînd în camera de dormit a lui Cucoaneş.

— Azi dimineaţă, doi metri şi doi; la prînz, doi şi cinci; astă seară, doi şi opt!...

— Imposibil! exclamai.

— Nimic nu-i imposibil în Natură, rosti Cucoaneş cu o falsă cordialitate. Pentru Mama-Natură. Nimic nu-i imposibil! Ia priveşte!...

Şi sărind brusc din pat, îşi întinse cît putu braţele în faţa mea, răsturnînd capul pe spate ca şi cum ar fi vrut să imite o monstruoasă paiaţă. Mi-am ascuns cum am putut surpriza. Cucoaneş părea parcă mai mare chiar decît cei 2 metri şi opt centimetri, pe care mi-i anunţase.

— Este, cum se spune, un caz unic nu numai în analele medicinii, adăogă el pe acelaş ton debil sardonic, ci unic chiar pentru capacitatea de înţelegere a ştiinţei moderne. Profesorul pretinde că posed o glandă dispărută în pleistocen, o glandă pe care mamiferele doar ar fi încercat-o şi apoi, zice el, ar fi abandonat-o pentru că mai mult le încurca. Cred şi eu că le încurca!...

Avea în glas o mocnită disperare. Desfăcu un nou pachet cu

Since 9 o'clock this morning I've grown more than a centimetre. Do you understand what that means? I'm growing visibly!"

"Perhaps you eat too much," said I, trying timidly to console him. "Or perhaps you eat things which you shouldn't. Probably you ought to avoid calcium."

"Calcium's forbidden, and so is iron, and vitamine B, and almost all the other vitamines," he burst out. "I've eaten nothing since last night except for a slice of dry bread and a cup of tea with a little sugar. To avoid bothering with a diet I've given up all sorts of food . . . Just given them up!"

"Well?" I asked, seeing that he suddenly fell silent.

"I'm dying of hunger! I'm dizzy with hunger, but I go on growing all the same. I keep on growing, blast it!"

I began to feel in the way.

"I'll call again to see you," I said, holding out my hand.

From that time I came every evening. In front of his house, from the third day onwards, groups of curious people had begun to gather, because they had heard of his strange disease and hardly anyone would believe it unless he saw with his own eyes. As my friend had ceased to go out of the house, the curious contented themselves with the news whispered by neighbours. The only information came from the cook, but everyone amplified it according to the scale of his own imagination.

"Well, how are we?" I asked him, two evenings later, as I entered Cucoaneş' bedroom.

"This morning, 2.02 metres; at lunch, 2.05; this evening, 2.08!"

"Impossible!" I exclaimed.

"Nothing is impossible in Nature," said Cucoaneş with a false heartiness. "For Mother Nature nothing is impossible. Just look!"

Springing briskly off the bed, he stretched out his arms to their full length in front of me, letting his head loll back as if he were trying to imitate some monstrous clown. I concealed my surprise as best I could. Cucoaneş looked even taller than the 2.08 metres he had told me.

"It is, as they say, a case unique not only in the annals of medicine," he added in the same feebly sardonic tone, "but even for the capacity of modern science to understand. The Professor maintains that I have a gland which disappeared in the pleistocene age, a gland which the mammals merely tried and then, he says, discarded because it was more of a nuisance! I can well believe it was a nuisance!"

There was a smouldering desperation in his voice. He opened a

ţigări şi se trînti în pat, încovrigîndu-se ca să poată încăpea întreg.

— M-au chemat toată ziua la Facultate, m-au chemat la Clinică să-mi facă o nouă radiografie, m-a chemat Profesorul chiar acum, pe seară, la cabinetul lui pentru un nou examen... Nu m-am dus. Ce sens ar mai avea? Nu mai mă pot ajuta cu nimic. Recunosc, îi interesează cazul meu—dar mi-e cu desăvîrşire indiferent ce-i interesează pe ei. Pentru progresul ştiinţei, mi-au spus. Mi-e perfect indiferent progresul sau regresul ştiinţei. Pe mine mă interesează un singur lucru: *să mă vindec!* Şi văd că nu pot...
— De unde ştii?! îl întrerupsei. De-abia au început cercetările. Tu singur recunoşteai adineaori că e vorba de un caz unic în analele medicinii. Nu ţi se poate găsi leacul dela o zi la alta.

— În ce mă priveşte, dacă nu l-au găsit pînă acum, ar putea să nici nu-l mai găsească. Pentru că tot nu mai sînt om în rîndul oamenilor, cu 2 metri şi 8 centimetri. Asta, acum un ceas. Leacul lor, dacă îl vor găsi, şi mi-l vor trimite mîine dimineaţă, m-ar opri la peste 2 metri şi 15. Nu mai mă interesează. Nu mai mă interesează, dacă nu mă voi mai putea plimba niciodată alături de Lenora pe stradă!...

Brusc începu să plîngă. Ţinea încă ţigarea între buze, cînd începuse să plîngă; la început doar cîteva lacrimi, apoi ochii îi clipiră sub şiroaie şi faţa i se umezi toată.

— Să stai aici, în pat, să ştii că acum o săptămînă şedeai tot aici, în acelaş pat, şi că în săptămîna aceasta s-a întîmplat un lucru pe care nu-l înţelegi, pe care nu-l înţelege nimeni, care te scoate din rîndul oamenilor şi îţi interzice să te mai plimbi pe stradă cu femeia pe care o iubeşti; pur şi simplu îţi interzice să te plimbi pe stradă cu ea, să ieşi cu ea în lume, pentru că nu vrei să o faci ridicolă... Nimic nu s-a schimbat, în aparenţă, nici un dezastru, nici o moarte, şi totuşi acum sîntem despărţiţi, *trebue* să ne despărţim, pur şi simplu pentrucă *nu se poate altfel!* ... E îngrozitor!...

Simţeam că orice consolare ar fi fost de prisos şi tăcui, privind în pămînt. Dar deodată, ca şi cum i-ar fi fost ruşine de slăbiciunea lui, Cucoaneş izbucni în rîs şi-şi trosni degetele. Mi se părea că rîsul lui e cu totul schimbat, începînd să nu mai semene a rîs omenesc, căpătase o rezonanţă ciudată, de copac care trosneşte, de pădure îndoită de vînt. Continuai să tac, prins de presimţiri funeste.

new packet of cigarettes and flung himself on the bed, curling up so as to get all of himself on to it.

"They've been sending for me all day to come to the Faculty, they've been sending for me to come to the Clinic to make a new X-ray, the Professor sent for me just now this evening, to come to his consulting-room for a fresh examination. I didn't go. What would be the point of it? I can't be helped any longer. I admit that they are interested in my case—but it doesn't matter in the least to me what they're interested in. For the progress of science, they told me. I don't care a bit for the progress or the regress of science. I'm only interested in one thing: *being cured!* And I see that I can't be."

"How do you know?" I interrupted. "The investigations have only just begun. You yourself admitted just now that it is a case unique in the annals of medicine. A remedy can't be found from one day to the next."

"As far as I'm concerned, if they haven't found it yet, they may as well never find it. Already I'm no longer an ordinary man, at 2.08 metres. That was an hour ago. If they find their remedy and send it to me tomorrow morning, they'd stop me at more than 2.15 metres. I'm not interested. I'm not interested if I shall never be able to walk in the street again alongside Lenora!"

He suddenly began to cry. He was still holding his cigarette between his lips when he began to cry; at the start there were only a few tears, then his eyes blinked with streams of them and his whole face grew damp.

"To lie here in bed and know that a week ago you were lying here in the same bed, and that within this week something has happened which you don't understand, which no one understands, that takes you out of the ordinary run of men and prevents you walking in the street with the woman you love; just prevents you walking in the street with her and going about with her because you don't want to make her look a fool. To all appearances, nothing has changed; there's been no disaster, no death, and yet now we're separated, we *have* to separate, just because *that's the only way!* It's frightful!"

I felt that any attempt at consolation would be useless, and I said nothing, looking on the ground. But suddenly, as if he were ashamed of his weakness, Cucoaneş burst out laughing and snapped his fingers. His laugh seemed totally changed and was ceasing to resemble human laughter; it had taken on a strange overtone, of a tree snapping, or a forest bent double by the wind. I continued to keep silence, filled with gloomy forebodings.

— Dar cea mai amuzantă e povestea cu gazetarii!, rosti Cucoaneş cu un zîmbet. Întîi m-am supărat pe Profesor, pentru că dela el s-au aflat toate. Dar acum mi-a trecut supărarea. Fiecare îşi face meseria, aşa cum l-a lăsat Dumnezeu. În fond, şi reporterul e om, şi el trebuie să trăiască, aşa cum trăim şi noi, inginerii. Dar e amuzant cum au pătruns aici, la mine, ca să mă măsoare . . .
De fapt, întîmplarea nu era chiar atît de hazlie pe cît se silea Cucoaneş să o judece. Aflîndu-se de macrantropia lui extraordinară, gazetarii îl aşteptau la clinică şi la Facultate, ca să-l fotografieze, dar medicii îl ascundeau întotdeauna, pe cît puteau. Pînă ce doi reporteri au izbutit să pătrundă în apartamentul lui, dîndu-se drept asistenţii Profesorului veniţi cu rezultatele ultimei radiografii, şi l-au fotografiat. Evident, Cucoaneş a avut destul timp ca să le spargă aparatele şi să-i prăvălească pe scări în jos.
— Îmi pare rău acum, că şi ei, săracii, sînt oameni nevoiaşi şi le-am luat pîinea de la gură. Dar am să-i despăgubesc. Am să le trimit banii la redacţie. Tot nu mai am ce face cu ei, acum . . .
Într-adevăr, după cîte îmi spunea, aproape că nu mai avea ce face cu banii. Nu mînca mai nimic, şi parcă şi foamea începuse să-l lase. După o ceaşcă de ceai, se simţea sătul o zi întreagă. Iar haine, zădarnic şi-ar fi comandat, pentru că o săptămînă în urmă nu l-ar mai fi încăput. Se hotărîse să poarte un fel de halat enorm, pe care şi-l potrivise cu ajutorul unui croitor din cartier, şi care cel puţin îl acoperea. Nimeni nu avea voie să intre la el în cameră, în afară de Lenora, de mine şi de Profesor. Înţelesei, după agitaţia care-l cuprinse cîteva minute în urmă, că logodnica lui trebuia să sosească şi mă retrăsei.
În seara următoare, grupul de curioşi se mai rărise. Ploua cu găleata. Doar cîţiva reporteri, adăpostindu-se în faţa gangului, se încăpăţînau să aştepte. Îl găsii mai liniştit decît îl lăsasem, aşezat de-a curmezişul patului, şi fumînd.
— Ei?, întrebai eu, cum te mai simţi?
— Ce-ai spus? . . . vorbeşte mai tare! . . . Parcă am început să nici nu mai aud bine . . .
— Întrebam cum te mai simţi, repetai eu apropiindu-mă şi ridicînd glasul.
— Destul de bine . . . Doi metri douăzeci şi trei . . . Dar asta a fost cam de multişor . . . Nu mai mă măsor! . . .
Şi, după o scurtă pauză adăugă încet:
— S-a sfîrşit cu mine, mă băiatule! . . .
Vorbea cu destulă linişte, dar parcă împăcarea asta îl durea şi

"But the most amusing part is the journalists!" said Cucoaneş with a smile. "First of all, I was annoyed with the Professor, because it was from him that they learned it all. But now my annoyance has passed. Everyone does his job according to his lights. At bottom even a reporter is a man and has to live, like us engineers. But it's amusing how they got in here, into my place, to measure me!"

As a matter of fact, the affair was not altogether as funny as Cucoaneş was bringing himself to believe. Hearing of his extraordinary growth, the journalists used to wait for him at the Clinic and at the Faculty to photograph him, but the doctors always kept him out of sight as far as they could. Until two of the journalists succeeded in penetrating to his flat, giving themselves out as assistants of the Professor, who had come with the results of the last X-ray, and photographed him. Obviously Cucoaneş had time to smash their cameras and throw them down the stairs.

"I'm sorry now; they are not well-off either, poor chaps; I've taken the bread out of their mouths. But I'll make it up to them. I'll send them the money at the office. I've no use for it now."

He had indeed, according to what he told me, no more use for money. He ate practically nothing, and even hunger seemed to have begun to desert him. After a cup of tea, he felt full for a whole day. It would have been useless to order clothes, for a week later they would no longer have fitted him. He had decided to wear a sort of huge dressing-gown, which he had had adjusted with the help of a local tailor, and which at any rate covered him. No one was allowed to enter his room except Lenora, myself and the Professor. I realised, by the agitation which filled him a few minutes later, that his fiancée was due to arrive, so I withdrew.

The following evening the group of inquisitive spectators had thinned out. It was raining in torrents. Only a few reporters, sheltering in front of the entrance, persisted in waiting. I found him calmer that I had left him, sitting across the bed and smoking.

"Well," I asked, "how do you feel?"

"What did you say? Speak up! I seem to have begun not to hear properly."

"I asked how you feel," I repeated, going nearer and raising my voice.

"Pretty well. 2.23 metres. But that was some while ago. I've stopped measuring myself."

And after a short pause he added quietly:

"It's all up with me, my lad!"

He was talking quite calmly, but his resignation seemed to hurt

mai profund. Figura începuse să i se schimbe. Nu puteam preciza ce s-a schimbat, pentrucă proporțiile se păstraseră întocmai, dar începea să nu mai fie el însuși. Observai asta privindu-i lung capul și aveam impresia că-l văd printr-o lupă; era întocmai așa cum îl cunoșteam de ani de zile, și totuși nu mai era el.

— Ai zis ceva? întrebă brusc. Te-am rugat să vorbești mai tare. Parcă aud din ce în ce mai prost...

— Te întrebam ce mai spune doctorul...

Prietenul meu mă privi cu mirare, apoi izbucni într-un rîs amar.

— Spune că ar trebui să intru la el în clinică.

— Poate că e o idee bună, adăugai fără convingere. Să stai necontenit sub controlul lor.

— Vorbește, dragă, mai tare! izbucni enervat.

Repetai, aproape strigînd, fiecare cuvînt.

— Eu nu știu ce-i asta cu mine, rosti el îngîndurat. Nu înțeleg de ce aud din ce în ce mai prost...

— Ar fi trebuit să întrebi pe Profesor, spusei apăsînd pe fiecare cuvînt. De cînd ți se pare că nu mai auzi?...

— De azi noapte... Și e curios, că aud totuși *altceva*, aud unele sunete foarte bine... Adică, nici nu știu dacă sînt sunete... În sfîrșit, aud *alte* lucruri...

— Ce fel de lucruri?

— Nu știu cum să-ți spun... E foarte greu de explicat... Am uneori impresia că mi-am pierdut mințile, dar, așa e, aud lucruri stranii... Mi se pare că aud mereu bătutul de ceasornic, dar nu e exact un ceasornic, parcă ar fi *altceva*, care bate regulat, ca un puls, și bate în toate lucrurile deodată... Uite, bunăoară în scaunul acesta... Și totuși, bate într-un puls cu totul altul decît bate biroul... Dar nu e puls, e *altceva*, nu știu cum să-ți spun...

— Asta e foarte interesant, îl întrerupsei eu. Anumite practici oculte...

— Te rog să nu-mi mai vorbești de nici o practică ocultă!, izbucni el. Nu mă interesează. Este o imensă farsă, toată povestea asta cu științele oculte. Pe mine mă interesează un singur lucru: să fiu ca înainte. Nu vreau să mă singularizez! Nu vreau să mi se întîmple mie lucruri extraordinare! Să se întîmple astea celor care *le vor* și le caută! Eu nu vreau să aud sunete ciudate, chiar dacă ele au pentru tine o importanță extraordinară. *Nu vreau*, pur și simplu nu vreau!...

him still more deeply. His face had begun to change. I could not tell exactly what had changed, because the proportions remained exactly the same, but he was ceasing to be himself. I noticed this as I gazed at his head, and I had the impression of seeing him through a magnifying glass; he was just as I had known him for years, and yet it was no longer he.

"Did you say something?" he asked suddenly. "I asked you to speak up. I seem to be hearing worse and worse."

"I was asking you what the doctor says."

My friend looked at me in surprise, then burst out into a bitter laugh.

"He says that I ought to go into his Clinic."

"Perhaps it's a good idea," I rejoined without conviction. "To be under their observation all the time."

"Speak up, my dear chap!" he burst out irritably.

I repeated each word, almost shouting.

"I don't know what's the matter with me," he said thoughtfully. "I don't understand why I hear worse and worse."

"You ought to have asked the Professor," I said, emphasising each word. "How long do you think you've not been hearing so well?"

"Since last night. And it's odd—I hear *something else*, I hear some sounds very well. That is to say, I don't know whether they are sounds. Anyway, I hear *other* things."

"What sort of things?"

"I don't know how to tell you. It's very difficult to explain. Sometimes I have the feeling that I've lost my wits—but, there it is, I hear strange things. I seem to hear the clock ticking all the time, but it's not exactly a clock, it seems to be *something else*, which beats regularly like a pulse and beats in everything at the same time. Look—in this chair, for example. And yet it beats in a pulse quite different from that of the desk. But it's not a pulse, it's *something else;* I don't know how to tell you."

"That's very interesting," I interrupted. "Certain occult practices——"

"Please stop talking to me about occult practices!" he burst out. "I'm not interested. It's a vast leg-pull, all that talk of occult sciences. I'm only interested in one thing: being as I used to be. I don't want to be unique! I don't want extraordinary things to happen to me! Let them happen to those who *want* them and seek them! I don't want to hear queer sounds, even if for you they have an extraordinary importance. *I don't want to;* I just don't want to!"

Aşteptai să-i treacă mînia, privind gînditor în pămînt. Ce i-aş fi putut spune altceva? Singura consolare pe care i-aş fi putut-o dărui ar fi fost să-i spun că ceeace i se întîmplă lui, se aseamănă cu anumite rezultate ale tehnicelor meditative indiene, dar, fireşte, toate acestea îi erau perfect indiferente. Nu avea nici o curiozitate să pătrundă în noua lume care se deschidea simţurilor lui straniu amplificate. Nu-l interesa să vadă lumea de la înălţimea macrantropiei lui—şi, în fundul sufletului, îi dădeam dreptate.

— Te rog să mă ierţi, adăugă cîteva clipe mai tîrziu. Am fost nedrept... Tu voiai să mă ajuţi... Ştiu că nu mă poţi ajuta, şi ştii şi tu asta, dar ai încercat să mă consolezi... Îmi pare rău, mă... Mai ales, că vreau să te rog să-mi faci un mare serviciu.

Se opri, neîndrăznind parcă să-şi mărturisească gîndurile. Apoi se apropie de mine şi mă întrebă.

— Tu mă auzi bine? Vreau să spun, normal? Eu am impresia că vorbesc destul de tare... Dar poate mă înşel...

Adevărul era că vorbea mai puţin tare ca de obicei, dar suficient ca să-l înţeleg fără nici un efort.

— Am să te rog să-mi faci un mare serviciu, spuse privindu-mă adînc în ochi. Dar am să te rog să nu mă refuzi, ci să faci întocmai cum îţi voi spune eu. N-o să am timp să-ţi explic de ce şi cum. Îţi dai şi tu singur seama că... Dar, în sfîrşit, n-are nici un sens să mă pierd în generalităţi... Am să te rog să ai grijă de Lenora... Vreau să spun...

Se opri cîteva clipe, privindu-mă cu o intensitate care mă ameţea. Parcă ar fi încercat, pentru ultima oară, să-şi pecetluiască buzele, să-şi îngroape taina.

— ... În sfîrşit, să ai grijă de ea!...

Îşi trecu brusc mîna pe obraz şi pe frunte.

— E curios, am uneori impresia că mi s-au schimbat şi simţurile... Doamne fereşte!... Parcă aş începe să aiurez!...

Se încruntă, trudindu-se parcă să înţeleagă zvonuri numai de el desluşite. Dar se scutură repede, trecîndu-şi din nou mîna pe frunte, apăsîndu-şi ochii.

— Asta voiam să te rog, reîncepu cu un alt glas, asta voiam să te rog în primul rînd: să mă ajuţi să dispar... Nu, nu mă întrerupe! Ascultă-mă pînă la sfîrşit. Nu-ţi cer să colaborezi la o sinucidere, pentru că dacă aş fi vrut să mă sinucid, mi-ar fi fost destul de simplu. Dar, fie că n-am încă destul curaj, fie dintr-o absurdă încăpăţînare a mea, nu am de gînd să-mi pun capăt zilelor. În

I waited for his anger to pass, looking thoughtfully at the ground. What else could I have said to him? The only consolation which I could have given him would have been to tell him that what was happening to him resembled certain results of Indian techniques of meditation, but naturally all that was of no interest to him. He had no curiosity to penetrate the new world which was opening to his strangely quickened senses. He was not interested to see the world from the height of his macranthropy—and at the bottom of my heart I agreed with him.

"Please forgive me," he added a few moments later. "I was unfair. You wanted to help me. I know that you can't help me, and you know it too, but you tried to console me. I'm sorry. Especially as I want to ask you to do me a great service."

He stopped, apparently not daring to confess his thoughts. Then he came over to me and asked:

"Can you hear me properly? I mean, normally? I have the impression that I'm speaking quite loud, But perhaps I'm wrong."

The fact was that he was speaking less loud than usual, but sufficiently for me to understand him without an effort.

"I'm going to ask you to do me a great service," he said, looking deep into my eyes. "But I shall ask you not to refuse me, but to do exactly as I tell you. I shan't have time to explain why and how. You yourself realise that . . . But, anyway, there's no point in my losing myself in generalities. I shall ask you to look after Lenora. I mean . . ."

He stopped for some moments, looking at me with an intensity that made me dizzy. It was as if he were trying for the last time to seal his lips and bury his secret.

"Anyway, look after her!"

He suddenly passed his hand over his cheek and forehead.

"It's odd, I sometimes have the feeling that my senses have changed too. God forbid! It's as though I were beginning to wander."

He frowned as though he were striving to understand noises that only he perceived. But he quickly shook himself, passing his hand again over his forehead and pressing his eyes.

"This is what I wanted to ask you," he began again in a different voice. "This is what I wanted to ask you in the first place: to help me to disappear. No, no, don't interrupt me! I'm not asking you to abet a suicide, for if I'd wanted to commit suicide, it would have been quite simple. But, either because I haven't enough courage yet, or from some absurd obstinacy of mine, I don't intend to put an

fond, am și eu măcar dreptul ăsta: *să văd ce e în stare să-mi facă* Mama-Natură, pînă unde e în stare să meargă. O să mai cresc, și iar o să mai cresc—dar pînă cînd? Vreau să văd măcar asta: limita macrantropiei. Și de aceea, nu mă omor. Dar nici de trăit în orașul ăsta, printre oamenii ăștia, nu mai pot trăi. Vreau să dispar. Să mă ascund. Să scap de ziariști, de doctori, de specialiști, de vecini, de cunoscuți. Și m-am gîndit că pentru asta am să am nevoie de ajutorul tău . . . M-am gîndit să mă ascund undeva în munți, bunăoară în Bucegi . . . Să-mi fac acolo o cabană, sau să repar vreuna părăsită și să trăiesc ca un sihastru . . .

— Dar ai să mori de foame, singur, în creierul munților . . .

— Nu, deocamdată mîncarea nu e o problemă. Am să-mi iau, pentru orice eventualitate, cîteva kilograme de pesmeți, niște conserve, puțin ceai . . . Dar, îți repet, deocamdată nu mănînc, și nici nu mai mi-e foame . . . Singura greutate are să fie găsirea cabanei, și hainele . . . Uite, halatul ăsta e tot ce pot lua cu mine . . . L-am făcut larg, și fără nici o formă. Restul hainelor îmi sînt inutile. Și cu toate acestea, va trebui să-mi iau haine groase pentru munte . . . M-am gîndit să cumpăr mai multe pături, de tot felul, și să iau cu mine o pereche de foarfeci și o sculă de cusut. Sau, poate, nici măcar nu va fi nevoie de asta. O duzină de ace de siguranță îmi vor fi de ajuns. Dar de pături și cearceafuri, voi avea nevoie . . . Și am să te rog pe tine să mi le cumperi . . . Asta, chiar mîine dimineața, cel mai tîrziu pînă la ora prînzului, pentru că la două după-amiază aș vrea să plec . . .

— De ce numaidecît la două ? . . .

Șovăi cîtăva vreme, să-mi spună, să nu mi spună. În cele din urmă se hotărî.

— Pentrucă, mîine la patru, plănuisem cu Lenora să fugim împreună. Să fugim tot în munți . . . Să ne căsătorim, firește în fața lui Dumnezeu, căci altfel n-avem cum, și să trăim împreună într-o cabană . . . Dar, apoi, m-am gîndit că n-am dreptul să fac asta. Nu-i pot năpăstui tinerețea din cauza mea . . . De aceea m-am hotărît să dispar mîine, înainte de sosirea ei . . . Și apoi, cum va voi Dumnezeu . . . E tînără, își va reface viața . . .

Înțelesei după efortul cu care rostise ultimele fraze, cît de mult îl duruse hotărîrea luată, dar înțelesei deasemenea că ar fi zădarnică orice încercare de a i-o schimba. Dacă aș fi refuzat să-i fiu complice, probabil că ar fi încercat să fugă singur, și ar fi fost prins înainte de a ajunge în munți, și cine știe ce ar fi fost în stare să facă atunci, în deznădejde. Pe de altă parte, așa cum m-am grăbit să i-o spun, plecarea a doua zi după amiază era cu totul riscată, cu atîția gazetari

end to my days. I've at least this right: to see what Mother Nature is capable of doing to me, how far she is capable of going. I shall go on and on growing—but how long? That's what I want to see: the limit of macranthropy. That's why I shan't kill myself. But as for living in this city, among these people, I can't do it any longer. I want to disappear. To hide myself. To get away from journalists, doctors, specialists, neighbours, acquaintances. And I've come to the conclusion that for that I need your help. I've thought of hiding myself somewhere in the mountains, for instance in the Bucegi. To make myself a hut there, or to repair an abandoned one and to live like a hermit."

"But you'll die of hunger, alone in the heart of the mountains."

"No, at present food is not a problem. To be ready for any eventuality, I shall take several kilograms of biscuits, some tins, a little tea. But, I repeat, at present I'm not eating and I'm not even hungry. The only difficulty will be finding the hut, and clothes. Look, this dressing-gown is all that I can take with me. I have had it made wide and shapeless. The rest of my clothes are useless. And all the same, I shall have to take thick clothes for the mountains. I thought of buying several blankets of various sorts and taking a pair of scissors and a sewing needle. Or perhaps I shan't even need that. A dozen safety pins will be enough. And I shall ask you to buy them for me. This very morning, by lunch-time at latest, as I should like to leave at two this afternoon."

"Why at two, so soon?"

He hesitated for a while whether to tell me or not. Finally he decided to.

"Because tomorrow at four I had planned with Lenora to run away together. To run away to the mountains. To get married, of course, in the sight of God, because there's no other way; and to live together in a hut. But then I thought that I hadn't any right to do it. I can't ruin her youth for my sake. That's why I've decided to disappear tomorrow before she arrives. And then, God's will be done. She's young; she'll rebuild her life."

I realised from the effort with which he uttered the last phrases, how much the decision taken had hurt him, but I also realised that any attempt to change it would be useless. If I had refused to be his accomplice, he would probably have tried to run away on his own, and would have been caught before reaching the mountains, and who knows what he might have done then, in despair. On the other hand, as I hastened to tell him, his departure the next afternoon was extremely hazardous, with so many journalists at his gate

la poarta lui şi cu strada plină de curioşi. Fuga n-ar fi putut avea loc decît noaptea, şi în nici un caz direct dela locuinţa lui. Trebuia găsită o maşină de piaţă, destul de încăpătoare pentru noi doi şi pentru păturile şi merindele cumpărate.

— Mai bine o camionetă închisă, îşi dădu părerea Cucoaneş. Oferi cîteva mii de lei mai mult şoferului şi discreţia e asigurată o săptămînă, două. Exact de ce-avem nevoie ...

Am rămas înţeleşi că tot ce voi cumpăra a doua zi, le voi depozita la mine. El va trimite un bilet Lenorei, spunîndu-i că fuga e amînată pentru cîteva zile, iar pe seară voi veni eu să-l iau cu un taxi, lăsînd reporterilor a înţelege că ne ducem la clinică. El mă va aştepta pregătit şi va coborî îndată, ca să nu dăm timp curioşilor să ne urmărească cu altă maşină. La căderea nopţii vom fi în faţa casei mele unde ne va aştepta camioneta.

— Să fie aşa cum zici, rosti Cucoaneş. Şi acum am să te rog să mă laşi. Mai am o serie de socoteli de încheiat şi mici lucruri de pus la punct. Nu vreau să se spună că las în urma mea o tinereţe dezordonată ... Şi vreau să-i scriu şi Lenorei ... pentru mai tîrziu ...

Deabia după ce-am ajuns acasă mi-am dat seama că mă gîndisem la toate afară de lucrul cel mai important : locul unde se va adăposti prietenul meu. Îmi vorbise de o cabană în munţi, dar trebuia găsită această cabană şi trebuia să ajungem la ea înainte de a se lumina bine de ziuă, ca să nu atragem atenţia. Planul nostru părea copilăresc : să coborîm în zori din camionetă şi să începem a urca în munte cu o duzină de pături în spinare cu merinde, fără să ştim încotro ne îndreptăm, riscînd ca prietenul meu să se oprească după cîteva sute de metri, pentrucă era nemîncat de o săptămînă şi, mai ales, pentrucă va trebui să urce, aproape sigur, în ciorapi, neştiind dacă îi voi putea găsi o pereche de ghete pe măsura lui în cele şase ore cît aveam timp să caut ...

Şi cu toate acestea fuga nu mai putea fi amînată. Trebuia, cu orice risc, să plecăm a doua zi seara. Numai că, ştiind că nu puteam spera în găsirea imediată a unei cabane goale, care ne-ar fi aşteptat acolo, în munte, ferită de oameni, parcă înadins pregătită pentru noi—trebuia să ne mulţumim cu mai puţin. Bunăoară cu un cort pe care Cucoaneş l-ar fi putut aşeza într-o văgăună ascunsă, departe de orice cărare. Acolo îşi va putea adăposti păturile şi alimentele, pînă cînd va avea uneltele cu care să-şi ridice singur o cabană pe

and the street full of sightseers. The flight could only take place at night, and certainly not direct from his place of residence. A taxi had to be found, roomy enough for the two of us and for the blankets and provisions purchased.

"Better a closed van," proposed Cucoaneş. "You offer the driver a few thousand lei extra and his discretion is assured for a week or two. Which is just what we need."

We agreed that everything which I bought next day, I should deposit at my place. He would send Lenora a note, telling her that the flight was postponed for a few days, and in the evening I would come to fetch him in a taxi, letting the reporters believe that we were going to the Clinic. He would be waiting ready for me and would come down at once, so as not to give the sightseers time to follow us in another car. At nightfall we would be in front of my house where the van would be waiting.

"Let it be as you say," pronounced Cucoaneş. "And now I'll ask you to leave me. I have a number of accounts to settle and small matters to arrange. I don't want it to be said that I'm leaving a disorderly youth behind me. And I want to write to Lenora . . . for later on."

Only after I reached home did I realise that I had thought of everything except the most important point: the site where my friend should take shelter. He had spoken to me of a hut in the mountains, but this hut had to be found and we had to reach it before daylight came, so as not to attract attention. Our plan seemed childish: to get out of the van at dawn and begin to climb the mountains with a dozen blankets on our backs and with provisions, but without knowing where we were making for. We should risk my friend having to stop after a few hundred metres because he had not eaten for a week, and above all because, almost certainly, he would have to climb in socks, as I did not know whether I could buy a pair of shoes of his size in the six hours which was all the time I had for searching.

And yet the flight could be postponed no longer. At any risk we must leave next evening. Only, knowing that we could not hope immediately to find an empty hut, waiting for us there in the mountains out of people's way, as if deliberately prepared for us— we must be content with less. For instance, with a tent which Cucoaneş could pitch in a hidden gully, far from any path. There he could shelter his blankets and food, until he had the tools with which to erect himself a hut to fit him, and in the place where he

măsura lui și unde va voi el. Firește, aceste scule de tîmplărie nu le puteam cumpăra în aceeași dimineață, cînd trebuiau găsite și cumpărate atîtea alte lucruri de mai urgentă necesitate. O noapte, două, prietenul meu va fi silit să doarmă pe o saltea improvizată, și acoperit doar cu pături, sub cort. Uneltele și tot ce va mai fi nevoie, le voi aduce eu după cîteva zile.

Lucrurile s-au întîmplat întocmai. Cînd m-am dus să-l iau, la ora fixată, Cucoaneș era atît de agitat încît nici n-am avut timp să-i explic de ce am fost silit să modificăm planul alcătuit cu o seară mai înainte. Mă aștepta cu creștetul aproape de tavan, frîngîndu-și mîinile, în halatul lui uriaș din care i se desprindeau, viguroase, picioarele înfășurate în stranii petece de postav legate între ele cu cea mai groasă sfoară. Inutil să-l mai fi întrebat "cum se mai simte." Arăta, poate, trei metri, iar îmbrăcămintea lui sumară, mîinile enorme și păroase, figura pe care barba de cîteva zile o întunecase și o adîncise, îi dădea aerul unui profet de spaimă apocaliptică. Nu-l puteai privi fără teamă, căci atît ochii lui, supți, fosforescenți, cît și dinții mari pe care și-i dezgolea la fiecare început de zîmbet, depășeau cu mult gradul de anormalitate pe care sîntem învățați s-o suportăm la o ființă umană.

— Trebue să plecăm cît mai repede! îl auzii șuierînd. Mai mult ghicii cele ce-mi spuse pentru că sunetele pe care le scotea își pierduseră intensitatea și precizia lor omenească, începînd să semene cu exploziile infra-fonice, cu șuierul, șoaptele și gemetele familiare în lumea naturală; acum păreau un susur depărtat de pîrîu, acum căderea unei cascade, acum vîntul deasupra unui lan de grîu sau, vijelios, încovoiind ramurile într-o înaltă pădure. Am fost, de atunci, tot mai atent la straniile modulări și răbufniri ale vocei prietenului meu, pentru a ghici cuvintele pe care se trudea să le rostească. Vorbirea i se alterase surprinzător, în mai puțin de 24 de ore. Uneori, sunetele pe care le emitea aveau stridența unor complicate cutii în care metalul, lemnul și oasele ar fi fost fără noimă încleiate împreună. Asemenea sunete mă îngrozeau. Nu cutezam să-l mai privesc, atunci, așteptînd să se întîmple un miracol, să se întîmple ceea ce știam sigur că nu se mai poate întîmpla: să-l aud, adică, grăind cu vechea, cunoscuta lui voce dinainte, cea omenească. Dacă era agitat, Cucoaneș vorbea aproape incomprehensibil. Teribile siflante, neverosimile palatale, asemenea unor pocnituri de monstruoase dopuri în pîntecul unei umede, stîlcite viori, șuierături și triluri guturale, uneori atît de joase încît le credeai smulse cine știe cărui obiect din lumea lucrurilor moarte

wanted it. Naturally I could not buy these carpenter's tools the same morning, when so many other things more urgently needed had to be found and bought. For a night or two my friend would be forced to sleep under a tent on an improvised mattress with only blankets to cover him. I would bring him the tools and everything else he would need a few days later.

Everything went smoothly. When I went to fetch him at the time fixed, Cucoaneş was so agitated that I hadn't time to explain why I had been forced to modify the plan framed the previous evening. He was awaiting me with the crown of his head close to the ceiling, wringing his hands, in his gigantic dressing-gown from which his legs emerged, hefty, wrapped in odd pieces of cloth tied together with the thickest of string. Useless to ask him how he felt. He looked perhaps three metres tall, and his rough-and-ready clothing, his huge hairy hands, his face darkened and deepened by several days growth of beard, gave him the air of a prophet of apocalyptic horror. You could not watch him without being scared, for his eyes, sunken and phosphorescent, as well as the great teeth which he bared at each beginning of a smile, went far beyond the degree of abnormality which we are accustomed to put up with in a human being.

"We must leave as soon as possible!" I heard him hissing. I guessed rather than heard what he said, because the sounds which he uttered had lost their intensity and human precision and were beginning to resemble infra-phonic explosions, the hiss, the whispers and the groans familiar in the natural world They seemed now the far-off murmur of a brook, now the fall of a cascade, now the wind passing over a cornfield or stormily bending the branches in a lofty forest. I was thereafter increasingly attentive to the strange modulations and bursts of my friend's voice, in order to guess the words which he was striving to utter. His speech had deteriorated surprisingly in less than 24 hours. Sometimes the sounds which he uttered had the stridence of complicated boxes in which metal, wood and bones had been senselessly glued together. Such sounds appalled me. I didn't dare then to look at him any longer and wait for a miracle to happen, for what I knew for certain would never happen: that is, to hear him speaking with his old familiar voice, his human voice. If he was agitated, Cucoaneş spoke almost unintelligibly. Terrible sibilants, improbable palatals like the popping of monstrous corks in the belly of a damp warped violin, whistlings and guttural trills, sometimes so low that you would have thought them drawn from some mysterious object in the world

—un birou mişcat din loc, o ladă uriaşă trasă pe pămînt, căzătura unui sac cu nisip—nazale atrofiate, strangulate brusc de convulsive înecăciuni, toate acestea se urmau, cîteva zeci de secunde, întrerupte pe alocuri doar de pauze în care se auzea un uşor sforăit.

— Trebuie să plecăm, că vine Lenora!, strigă din nou Cucoaneş, strîngîndu-şi pudic halatul în jurul coapselor.

Dar ghicind din înspăimîntata mea mirare cît de anevoie îl înţeleg, rămase o clipă derutat, cu braţele în aer, privindu-mă lacom, aşteptînd din partea mea un semn că tot ce-a ghicit e numai o părere, că încă îl aud şi îl pot înţelege, că, oricît de singulară e soarta lui, totuşi a mai rămas, între noi doi, o posibilitate de comuniune şi înţelegere.

— Ţi-am cumpărat o pereche de cizme, numărul cel mai mare pe care l-am găsit, îi strigai eu. Altminteri, cu obielele astea n-ai să poţi face mai mult de un kilometru . . .

Mă ascultă încruntîndu-se, cu un vizibil efort de a mă înţelege. Cred că a reuşit. Dar, probabil i se părea atît de comică încercarea mea de a schimba vorba, încît izbucni în rîs, şi, îndreptîndu-şi braţul asupra-mi, mă bătu prieteneşte pe umăr. Mă cutremurai. Mîna lui mi se părea grea, rece, inumană. Simţind-o am avut impresia că sînt prins de un monstru, şi lătratul înghiţit de clăbuci al rîsului lui amplifică pînă la absurd senzaţia că trăiesc un coşmar. M-am smuls cu un fior de sub mîngîierea lui, şi m-am îndreptat spre uşă. Eu trebuia să cobor cel dintîi ca să nu atragem atenţia curioşilor. Cînd am deschis uşa, Cucoaneş a mai privit odată în cameră. Şi-a luat ultimele pachete de ţigări de pe măsuţă—şi cu cîtă greutate; parcă i-ar fi fost degetele îngheţate—şi a ieşit. Atunci am văzut că avea în mîna dreaptă un plic mare, probabil cu mai multe scrisori şi acte, pe care mi l-a dat arătîndu-mi prin semne—căci se temea să mai spună ceva—că e foarte important. Plicul era adresat Lenorei.

Inutil să amintesc peripeţiile fugii noastre. Ele au fost copios povestite de întreaga presă, şi oricîte exagerări s-ar fi strecurat în acele faimoase reportagii, versiunea este totuşi veridică în liniile ei mari, pentru că se întemeiază pe mărturisirile celor doi şoferi, al taxiului care ne-a dus la mine acasă şi al camionetei în care am mers toată noaptea. Am avut norocul să scăpăm de urmărirea reporterilor în mai puţin de o oră. Dar cît a fost de penibilă cursa pe care am făcut-o atunci, Cucoaneş abia găsindu-şi loc, chircit, în fundul

of dead things—a desk moved from its position, a huge chest dragged along the ground, the fall of a sandbag—atrophied nasals suddenly cut off by convulsive choking, all these followed one another for tens of seconds, broken only here and there by pauses in which a slight snorting could be heard.

"We must go; Lenora's coming!" shouted Cucoaneş again as he gathered his dressing-gown modestly round his thighs.

But guessing from my terrified amazement how difficult I found it to understand him, he was put off his stroke for a moment and with his arms in the air watched me avidly, waiting for a sign from me that everything he had guessed was only a fancy, that I could still hear him and understand him, that, however singular his predicament, there still remained between us two a possibility of communion and understanding.

"I've bought you a pair of boots, the largest size I could get," I shouted. "Otherwise, with those wrappings you couldn't do more than a kilometre."

He listened to me frowning with a visible effort to understand me. I think he succeeded. But probably my attempt to change the subject seemed to him so comic that he burst out laughing, and stretching his arm above me, patted me in a friendly way on the shoulder. I shuddered. His hand felt heavy, cold, inhuman. I had the feeling of being caught by a monster, and the gulping, bubbling bark of his laugh absurdly increased the sensation that I was living a nightmare. With a shudder I tore myself from his caress and made for the door. I had to go down first, so as not to attract the attention of the sightseers. When I opened the door, Cucoaneş looked into the room once more. He took his last packets of cigarettes off the table—and how difficult it was! as though his fingers were frozen—and came out. Then I saw that he had a large envelope in his right hand, probably containing several letters and documents, which he gave me, indicating by signs—he was afraid to say anything more—that it was very important. The envelope was addressed to Lenora.

I need not recount the adventures of our flight. They were fully related by the entire press, and whatever exaggerations may have found their way into those famous reports, their version is nevertheless truthful in its main outlines, because it is based on the accounts of the two drivers: one of the taxi which took us to my house, and the other of the van in which we travelled all night. We had the good fortune to throw the reporters off the scent in less than an hour. But what a painful trip it was, with Cucoaneş hardly able to

mașinii, neîndrăznind să scoată un singur cuvînt nu cumva să-l sperie pe șofer, care, tremurînd, cu broboane de sudoare pe frunte, își încleștase mîinile pe volan, și nu mai privea decît înaintea ochilor, terorizat pînă la urmă de apariția teribilă a prietenului meu, cînd se îndreptase spre el cu amîndouă mîinile ținîndu-și halatul, și clătinînd mașina sub primul lui pas. De-abia tîrziu, pe seară, cînd ne aflam la adăpost în camionetă, feriți de privirile curioșilor,˙ a început să vorbească din nou Cucoaneș. Vorbea totuși încet, șoptit, și aproape nu înțelegeam ce spune. Clătinam mereu din cap, ca să nu-l descurajez, însă aveam uneori impresia că nu-l păcălesc, că e perfect lucid și-și dă seama că tot ce spune el, eu nu mai pot înțelege, dar totuși, nu se putea îndura să renunțe la vorbă, la această ultimă posibilitate de a comunica cu o făptură vie.

Șoferul camionetei, avertizat de tot ce publicase gazetele în ultimele două zile, nu părea înspăimîntat; dimpotrivă, rolul important pe care-l juca în fuga noastră îl măgulea, și ne-a dat chiar o seamă de sfaturi utile. Am ajuns la patru dimineață pe muntele Păduchiosul, acolo unde, în principiu, trebuia să se ascundă Cucoaneș cîteva zile, pînă cînd mă voi fi întors cu sculele necesare ridicării cabanei. Mașina s-a oprit la o cotitură din toate părțile împădurită, muche bine aleasă între mai multe văi, cu nesfîrșite hățișuri și viroage, avînd nu prea departe un izvor al cărui susur molcom îl auzeam deslușit. Luna încă nu apusese și am putut examina pe îndelete locul. Cînd s-a coborît Cucoaneș și, ca să-și dezmorțească oasele, s-a întins deodată, cît era de vast, trosnindu-și încheieturile, ridicîndu-se puțin pe vîrfuri și dîndu-și cu voluptate capul înapoi, pe ceafă,— valea a hăuit de geamătul lui, și noi doi am amuțit, privindu-l cum se desfășoară și crește, turtind parcă zarea munților cu spinarea lui uriașă și mînecile suflecate ale halatului.

— ... E bine! ... E bine! ..., am deslușit noi dintr-o lungă și vorace cascadă de sunete, gemete, șuierături.

Imediat, a căutat în punga pe care tot timpul și-o ținuse la îndemînă, și a scos un pachet nedesfăcut de țigări. L-a scofîlcit cîteva clipe între degete, apoi mi l-a întins, ostenit. A trebuit să-i rup eu hîrtia și să-i desfac foița poleită de deasupra. Degetele lui Cucoaneș începeau să-i fie inutile pentru asemenea treburi prea mărunte. Putea, totuși, apuca încă destul de bine țigarea și putea folosi cu oarecare facilitate bricheta. Mi-am dat însă seama de dificultatea pe care o avea Cucoaneș ca să fumeze, cînd, după ce a tras cu sete

find room, huddled up in the back of the taxi and not daring to utter a word for fear of scaring the driver! The driver, trembling and with beads of sweat on his forehead, had clenched his hands on the wheel and was looking straight ahead; he had been thoroughly terrified by the frightful appearance of my friend when he had approached him with both hands holding his dressing-gown and rocking the vehicle beneath his first step. Not till late in the evening, when we were safe in the van, away from the gaze of the curious, did Cucoaneş begin to talk again. But he talked quietly, in a whisper, and I could hardly understand what he said at all. I continually nodded my head so as not to discourage him. But I sometimes had the impression that I did not deceive him, because he was perfectly lucid and realised that I could no longer understand anything he said; but all the same he could not bring himself to give up talking, give up this last chance of communicating with a living creature.

The driver of the van, warned by all that the papers had published in the last two days, did not seem appalled; on the contrary, he was flattered by the important part which he was playing in our flight, and even gave us some useful pieces of advice. At four a.m. we reached Mount Păduchiosul, where in principle Cucoaneş was to hide for a few days until I returned with the tools needed for erecting the hut. The van stopped at a bend surrounded on all sides by forest, a well defined ridge between several valleys, with innumerable thickets and ravines, and not too far off, a spring whose gentle murmur we could clearly hear. The moon had not yet set, and we were able to examine the place at leisure. When Cucoaneş got out and, to free his bones from cramp, suddenly stretched to his whole vast extent, cracking his joints, rising a little on his toes and throwing his head back with delight, the valley resounded with his sigh, and we two others fell silent, watching him unfold and grow, seeming to flatten the background of mountains with his gigantic back and the rolled-up sleeves of his dressing-gown. "That's good! . . . That's good!" we made out from a long, greedy cascade of sounds, sighs and whistles.

At once he looked in the bag which he had kept at hand all the time and brought out an unopened packet of cigarettes. He fumbled at it for some moments between his fingers, then wearily held it out to me. I had to break the paper and to undo the tin foil on top. Cucoaneş' fingers were beginning to be useless for such minute tasks. He could still, however, take hold of the cigarette quite well and could use the lighter with a certain amount of facility. But I realised the difficulty which Cucoaneş had in smoking when, after

cîteva fumuri, a încercat să păstreze țigarea între buze. Avea un aer rătăcit, țigarea aceea minusculă în colțul gurii lui enorme; parcă stătea să cadă, și la fiecare tresărire a buzelor zvîcnea și ea, parcă asemenea unui resort. De altfel, Cucoaneș nu apuca să înghită decît cîteva fumuri, pentru că acestea erau de ajuns să istovească țigarea pînă aproape de cotor. Va trebui să-i aduc altfel de țigări, îmi spuneam privindu-l, poate trabuce, sau o comandă specială de la Regie, făcută pe măsura gurii lui . . .
— E bine! . . ., îl ghiceam iarăși șuierînd.

Dar, de data aceasta, încerca din toate puterile să facă înțelese și celelalte cuvinte pe care, cu infinită grijă, se trudea să le repete, fără să reușească niciodată, după cuviință.

— *Borx!* . . ., mi se părea că aud. *Borx . . . bretinx . . . cretinx . . . tues . . . tues . . .*

— Vorbește mai rar!, îi strigai pe cît îmi îngăduiau puterile.
— *. . . E birne!*, reîncepu. *Borx! . . . Borx borbruli! Borx borbruli! . . .*

Urmă o nouă cascadă de rîs, al cărei ecou amplificat de vale mă copleși cu o sacră teroare. Cel puțin, înțelesei, Cucoaneș se simte într-o excelentă dispoziție. Dacă ar continua, măcar, să audă cuvintele noastre! El, însă, între hohote de rîs, repeta într-una: *Borx borbruli!* . . . Transcriu, de altfel, cu totul aproximativ, sunetele pe care le auzeam, așa cum obișnuim să transcriem prin *pfiu!* șuieratul unui glonte, sau prin alte semne alfabetice ciocănitul într-o ușă, spargerea unui cristal, căderea unei bombe. *Borx* este, însă, numai pe departe asemănător sunetelor pe care le emitea într-una Cucoaneș, într-una modificîndu-le de altfel, în așa chip încît cîteva minute în urmă mă întrebam dacă ele se referă la același cuvînt inițial. Și, deodată, am înțeles: *Vox populi!* Strigîndu-i, îl văzui că se luminează și, plecîndu-se puțin, zîmbind, îmi puse mîna pe umăr. Reluă atunci cu mai multă vigoare: *Borx . . . bretinx . . . kretinx (?) . . . tues . . .* Nu mi-era greu să ghicesc că se referă la o altă locuție care începea tot prin *vox*. Și strigai: *Vox clamantis in deserto?!* Dădu din cap, transfigurat de bucurie. Și, depărtîndu-se de noi, din cîțiva pași ajungînd pe movila din fața mașinii, ridică brațele spre cer, alcătuind o spăimîntătoare imagine profetică, și începu să vorbească, să urle, să cheme, să cînte, adresîndu-se de-a dreptul văilor și munților, fără să ne mai privească. Acum se aproprie sfîrșitul!, îmi aduc aminte că mi-am spus, că am *simțit* mai mult. Dar, pentru că vedeam că șoferul amuțise, pălind, neputîndu-și smulge privirile de pe haina, umflată de vîntul

eagerly taking a few puffs, he tried to keep the cigarette between his lips. It had a lost look, that tiny cigarette in the corner of his huge mouth; it seemed on the point of falling, and at every movement of his lips it too twitched, as if on springs. Anyway Cucoaneş could only inhale a few puffs, because they were enough to burn the cigarette almost down to the stub. "I shall have to bring him different cigarettes," I said to myself as I watched him. "Perhaps cigars, or a special order from the Monopoly, made to measure for his mouth."

"That's good!" I guessed him to be whistling.

But this time he was trying with all his might to make me understand the other words which with infinite care he struggled to repeat properly, without any success.

"*Borx!*" I seemed to hear. "*Borx . . . bretinx . . . cretinx . . . tues . . . tues.*"

"Speak slower!" I shouted to him as loud as I could.

"That's good!" he began again. "*Borx . . . Borx borbruli! . . . Borx borbruli!*"

There followed a fresh cascade of laughter, the echo of which, amplified by the valley, filled me with holy terror. At any rate, I realised, Cucoaneş felt in very good form. If only he continued to hear our words! He however, between roars of laughter, kept on repeating; "*Borx borbruli!*" Of course, I am only roughly transcribing the sounds which I heard, just as we normally use *pfiu!* to transcribe the whistle of a bullet, or other alphabetical signs for knocking on a door, breaking glass, or the explosion of a bomb. *Borx*, however, only remotely resembles the sounds which Cucoaneş kept on uttering and, what is more, kept on modifying to such an extent that a few minutes later I wondered whether they still referred to the same words. And suddenly I understood: "*Vox populi!*" As I shouted to him, I saw his face light up, and bending down with a smile, he put his hand on my shoulder. He then went on with greater vigour: "*Borx . . . bretinx . . . kretinx (?) . . . tues*" I had no difficulty in guessing that it referred to another phrase beginning with *vox*. And I shouted: "*Vox clamantis in deserto?*" He nodded, transfigured with joy. Moving away from us, in a few paces he reached the top of the mound in front of the van, lifted his arms to heaven, creating a terrifying prophetic figure, and began to talk, to roar, to shout, to sing, addressing himself direct to the valleys and mountains without looking at us. "Here comes the end!" I remember saying to myself, or rather *feeling* to myself. But seeing that the driver had turned pale and silent and could not tear his gaze away from my friend's clothes as they swelled in the

dimineții, a prietenului meu, m-am suit în camion și am început să descarc poverile. Am muncit așa, șoferul și cu mine, vreo 10 minute, în care timp Cucoaneș continua să se adreseze pădurilor și cerului. Poate că se roagă, îmi spuneam; sau poate blestemă. Cine putea ști!...
M-am îndreptat spre movilă, și am început să-l strig din răsputeri. Cu greu m-a auzit. S-a coborît, copilărește, și-a aplecat genunchii și și-a apropiat urechea de obrazul meu. I-am spus, răcnindu-i, că toate lucrurile au fost coborîte din mașină, că trebuie să căutăm locul pentru cort, undeva în hățișuri, căci noi nu vom mai avea mult timp de pierdut. Camioneta trebuie să ajungă înainte de prînz în București. Eu aveam mai multe lucruri necesare de cumpărat, ca să mă pot întoarce cît de curînd într-una din nopțile următoare. El mă va aștepta, începînd de a doua noapte, la anumite ore, undeva în apropierea locului acestuia. Îi vom face semn cu o lanternă, și îl voi chema de asemenea cu un claxon puternic. I-am vorbit așa vreo cinci minute, pînă am simțit o mare istovire, căci țipasem fiecare cuvînt, repetîndu-l de nenumerate ori cînd clătina din cap că nu înțelege. Atunci, prietenul meu m-a îmbrățișat, ridicîndu-mă ca pe un copil în brațe, și mi-a spus o seamă de cuvinte din care, cum mă temeam, n-am înțeles aproape nimic. L-a bătut pe șofer pe spate și toți trei, încărcați, am pornit în vale. Am ales un loc făcut parcă anume pentru vizuina unui singuratic. Un început de luncă, prinsă între urcușul aspru al coamei împădurite și vîlceaua prăpăstioasă de deasupra izvorului. Cucoaneș ne-a făcut semn că nu are nevoie de ajutorul nostru ca să-și ridice cortul. Mi-a dat doar mai multe pachete cu țigări, să i le desfac. Apoi s-a așezat pe o piatră, și-a tras pulpana halatului deasupra genunchiului care se dezgolise, și a început să cînte un cîntec pe care atunci îl înfiripa, din singurătatea lui, din singurătatea muntelui.

Abia după ce am ajuns acasă, istovit după încă cinci ceasuri de mașină, și am parcurs ziarele din dimineața aceea, mi-am dat seama că prietenul meu devenise senzația zilei, lăsînd în urmă chiar cele mai importante evenimente politice. Fotografia lui—din vremuri normale, sau din primele zile ale macrantropiei—erau publicate pe prima pagină, însoțite de reportagii asupra misterioasei lui dispariții, de articole și interviuri din lumea medicală. Cazul era, de sigur, unic, dar nu peste puterile de explicație ale

morning breeze, I climbed into the van and began to unload the contents. We worked at this, the driver and I, for about ten minutes, during which Cucoaneş continued to address the forests and the sky. "Perhaps he's praying," I said to myself, "or perhaps he's cursing. Who can tell?"

I went towards the mound and began to shout at the top of my voice. He heard me with difficulty. He came down like a child, bent his knees and brought his ear close to my cheek. I yelled to him that everything had been taken out of the van, that we must look for a place for the tent, somewhere in the thickets, as we hadn't much time to lose. The van must be back in Bucharest by lunch time. I had several things that must be bought in order to be able to return as soon as possible on one of the following nights. Starting from the next night, he would wait for me at certain hours somewhere near this place. We would signal to him with a torch, and I would also summon him with a powerful klaxon. I talked to him like this for about five minutes, till I felt a great weariness, for I had yelled each word, repeating it endlessly whenever he shook his head to show that he didn't understand. Then my friend embraced me, lifting me up in his arms like a child, and spoke a number of words, of which, as I feared, I could hardly understand any. He patted the driver on the back, and all three of us, loaded up, set off downhill. We chose a place that seemed specially designed for a solitary's den. A strip of meadow, caught between the brisk rise of the wooded slope and the precipitous ravine above the stream. Cucoaneş signed to us that he had no need of our help to erect the tent. He merely gave me several packets of cigarettes to open for him. Then he sat down on a rock, drew the skirt of his dressing-gown over his knee, which had bared itself, and began to sing a song which he made up there and then out of his solitude, out of the solitude of the mountains.

Only when I got home, exhausted after another five hours in the van, and skimmed through that morning's newspapers, did I realise that my friend had become the sensation of the day, leaving even the most important political events far behind. His photograph—from normal times, or from the first days of his macranthropy—was published on the front page, accompanied by reports of his mysterious disappearance and by articles and interviews from the medical word. The case was, of course, unique—the Dean of the Faculty of Medicine had stated in the presence of the representatives of the press—but not beyond the powers of science to

științei, declarase în fața reprezentanților presei decanul Facultății de Medicină. Corespondenții străini telegrafiaseră cu cîteva zile înainte articole senzaționale care stîrniseră, pretutindeni, cel mai mare interes. Mai mulți reporteri celebri își anunțaseră venirea în România, ca să cunoască și să intervieveze pe "macrantrop".

Pe seară, am telefonat la numărul indicat de Cucoaneș, și i-am dat întîlnire Lenorei, spunîndu-i că am să-i comunic lucruri importante. Nu o cunoscusem pînă atunci și am rămas surprins, întîlnind-o. Avea o frunte mată, și părul de un nobil, întristat roșu, și nasul drept, din alt veac, iar ochii ireverențios de deschiși, ochi în fața cărora te simțeai întotdeauna intimidat. A deschis cu o greu stăpînită frenezie plicul pe care i l-am întins și si-a zvîrlit ochii pe prima pagină dintr-o lungă scrisoare. Dar cum, probabil, lectura ei era anevoie de suportat sub privirile unui străin, a împăturit scrisoarea și a băgat-o în geantă, începînd să răsfoiască, absentă, celelalte hîrtii. Era, bănuiesc, un testament, mai multe acte oficiale, un teanc de bancnote, și cîteva fotografii.

— Unde e?!, mă întrebă brusc împingînd toate hîrtiile în plic.

I-am explicat, codindu-mă, că sînt legat de făgăduințele pe care i le făcusem, dar că, deocamdată, se află mai bine acolo unde e decît în oricare altă parte. M-a ascultat privindu-mă neîncrezătoare în ochi.

— Cît e de mare acum?!, mă întrerupse ea cu un gest de nerăbdare.

— Greu de spus. În zori, parcă ar fi avut trei metri jumătate, parcă mai mult . . .

Închise ochii și-și mușcă buzele, fără să scoată un singur cuvînt.

— Și ce e mai grav, e că nu mai poate vorbi . . . Aproape nu se mai înțelege ce spune . . .

— Eu îl înțeleg! exclamă Lenora cu pasiune. Îl înțeleg oricum ar fi! Îl cunosc. Ghicesc tot ce spune. Îl ghicesc de pe buze, din ochi . . .

Rămase cîteva clipe cu privirile pierdute în lacrimi, apoi îmi întinse mîna.

— Data viitoare merg și eu cu d-ta. Îți telefonez mîine dimineață.

M-am supus. În fond, îmi spuneam, fata are deplină dreptate. Oricît de mult ar suferi Cucoaneș, văzînd-o și despărțindu-se apoi, definitiv, de ea, încă și mai mult ar suferi dacă se va despărți așa cum se despărțise, fără s'o vadă. Marea greutate va fi să vorbească împreună. Va trebui un alt mijloc de comunicare; poate, o tablă

explain. The foreign correspondents had several days before telegraphed sensational articles which had everywhere roused the greatest interest. Several famous reporters had announced their arrival in Rumania to meet and interview the "macranthrope."

In the evening I telephoned the number indicated by Cucoaneş and made an appointment with Lenora, saying that I would pass on to her matters of importance. I had not met her before and was surprised when I did so.

She had a lustreless forehead and hair of a noble, sombre red, a straight nose from another age, and irreverently wide-open eyes, eyes before which one felt intimidated all the time.

She undid the envelope which I held out to her, with a frenzy which she found it hard to control, and cast her eyes on the first page of a long letter. But, probably because it was hard to endure reading it under the gaze of a stranger, she folded the letter and put it into her bag, beginning absently to leaf through the other papers. They were, I suspect, a will, several official documents, a wad of banknotes and some photographs.

"Where is he?" she asked me brusquely, pushing all the papers into the envelope.

I explained evasively that I was bound by the promises which I had made him, but that for the present he was better off where he was than anywhere else. She listened, gazing incredulously into my eyes.

"How big is he now?" she interrupted with an impatient gesture.

"Hard to say. At dawn he seemed to be about three and a half metres, perhaps more."

She closed her eyes and bit her lips without uttering a single word.

"And what is worse, he can no longer talk. One can scarcely understand what he says."

"I'll understand him!" exclaimed Lenora passionately. "I'll understand him, come what may! I know him. I'll guess everything that he says. I'll guess by his lips, by his eyes."

She remained a few moments with her gaze veiled in tears, then held out her hand.

"Next time I'll come with you. I'll phone you tomorrow morning."

I yielded. "After all," I said to myself, "the girl's completely right." However much Cucoaneş might suffer by seeing her and then being parted from her for good, he would suffer still more if he were parted, as he had been already, without seeing her. The great difficulty would be for them to talk to one another. They would

neagră, de școală, pe care să scriem, și el, și noi, cu cretă. Mi-am însemnat și acest lucru pe care trebuia să-l cumpăr și, odată ajuns acasă, am adormit zîmbind, cu gîndul la fericirea lui Eugen. N-am putut pleca a doua seară, și nici în seara următoare. Unele lucruri nu le găseam; altele, bunăoară bocancii uriași pe care-i comandasem, nu erau încă gata. De altfel, șoferul camionetei nu era liber decît a treia seară, și în nici un caz nu voiam să introduc pe altcineva în secretul nostru. Astfel că n-am putut pleca decît a patra noapte de la despărțirea mea de Cucoaneș. Plouase în ajun, și o bună bucată din drum l-am făcut înaintînd destul de încet, așa că, în loc de a ajunge pe Păduchiosul înainte de trei dimineața, cum ne propusesem, am ajuns abia la patru. Se luminase bine cînd am oprit mașina la locul știut. Șoferul a început să claxoneze prelung. Toți trei rămăseserăm în mașină, emoționați, neîndrăznind să ne privim unul pe altul. Și deodată, dintr-un loc de unde nu ne așteptam, se ridică alene, plictisit, Cucoaneș. Lenora își sugrumă un țipăt. Prietenul meu era acum într-adevăr de nerecunoscut. Halatul îi rămăsese fără îndoială mic—căci așa cum ni se desfășura, părea că are 6–7 metri, și pieptul lui se lățise amețitor, totul crescînd în aceleași proporții cu înălțimea—și atunci își acoperise coapsele cu cîteva pături prinse la nimereală între ele, alte două pături le purta pe umeri, iar în picioare nu mai avea nimic, pînzele cu care se înfășurase descheindu-se și el nemaiprididind să le întocmească la loc, cu degetele acelea enorme care nu mai puteau cuprinde decît bolovani și trunchiuri de copaci. Anevoie aș putea reda impresia pe care mi-a lăsat-o apariția lui extraordinară deasupra șanțului șoselei. Cînd și-a ridicat umerii din vale, părea Neptun înălțîndu-se printre talazuri. O asemenea teroare sfîrșea prin a te amuți. Nu mai era spaimă propriu zisă, ci o stranie mirare, care te scotea din timp, proiectîndu-te într-o auroră mitologică. Așteptai să-l vezi ridicînd tridentul neptunic sau asmuțind fulgerele, ca Jupiter—și tot ce ar fi urmat nu te-ar mai fi minunat mai mult decît propria lui apariție. Barba îi crescuse prodigios în aceste ultime patru zile, schimbîndu-i cu desăvîrșire figura, transformîndu-i-o în teofanie. Capul—cu totul normal pentru proporțiile trupului—devenea totuși peste putință de privit îndată ce începea să rîdă sau să vorbească, pentru că atunci își arăta dinții, și întunericul gurii, și limba de balaur. De altfel, la cel dintîi sunet pe care îl scotea, te cutremurai trăgîndu-te înapoi căci aveai impresia că

need another means of communication; perhaps a black school slate on which he and we could write in chalk. I made a note of this further thing which I had to buy, and once back home, I went to sleep smiling as I thought of Eugen's happiness.

We could not go next evening, nor the following one either. Some things I could not get; others, such as the giant boots I had ordered, were not yet ready. In any case the van driver was not free until the third evening, and I refused in any circumstances to let anyone else into our secret. So we could not leave until the fourth night after my parting from Cucoaneş. It had rained the day before, and for a good part of the way we made quite slow progress, so that instead of reaching Păduchiosul before 3 a.m., we only arrived at 4. It had grown light when we stopped the van at the agreed place. The driver began to hoot persistently. We had all three stayed in the van, excited and not daring to look at one another. And suddenly, from a place we didn't expect, slowly and reluctantly, rose Cucoaneş. Lenora stifled a scream. My friend was now indeed unrecognisable. His dressing-gown had evidently become too small—for as he unfolded himself he seemed to be six or seven metres tall, and his chest had broadened astoundingly, the whole growing in proportion to his height—and then he had covered his thighs with blankets fastened casually. On his shoulders he wore two more blankets, but on his legs he now had nothing, the pieces of linen in which he had wrapped himself having come undone and he not having succeeded in doing them up again with those enormous fingers which could now only handle boulders and tree-trunks. It would be hard for me to convey the impression made on me by his extraordinary appearance above the ditch by the roadside. When he raised his shoulders from the valley, he looked like Neptune rising from the billows. Such a fearful sight ended by striking one dumb. It was not properly speaking terror, but a strange wonder which took one out of time and projected one into a mythical dawn. One expected to see him raising Neptune's trident or hurling thunderbolts like Jupiter—and all that would have ensued would not have surprised you more than his personal appearance. His beard had grown prodigiously in those last four days, completely changing his face and turning it into a theophany. His head—absolutely normal for the proportions of his body—was nevertheless becoming impossible to look at as soon as he began to laugh or to talk, because then he showed his teeth and the dark cavern of his mouth and his dragon's tongue. In any case, at the first sound which he uttered you quaked and recoiled, for you had

a provocat acel sunet într-un chip nefiresc, mişcîndu-şi umerii, sau trosnindu-şi degetele, sau huruind în coşul pieptului. Mă simt cu totul incapabil să evoc acele sunete. Nu pot spune că semănau cu vreunul din nenumăratele suspine, gemete, pocnituri şi şuierături pe care le auzisem în natură—şi cu toate acestea ele evocau ceva, ceva dintr-un domeniu incert de vis, de febre şi spaime animale, şi numai această involuntară evocare te copleşea cu teroarea ei, fascinîndu-te, suspendînd pentru atîtea cutremurătoare clipe sentimentul prezentului.

Este probabil că prietenul meu îşi dădea foarte bine seama de magia sunetelor pe care le scotea, pentru că s-a ferit tot timpul, pe cît a putut, să ne vorbească. Dînd însă cu ochii de Lenora, la început, cînd am coborît din camionetă, a înălţat braţele goale către cer, izbucnind într-un chiot cataractic care ne-a împietrit. A făcut apoi cîţiva paşi, şi, cu oarecare greutate, a îngenunchiat lîngă noi, zîmbind. A îngenunchiat şi şi-a plecat spinarea, ca să se poată apropia mai bine de noi, nereuşind totuşi, decît să-şi reducă la jumătate statura, continuînd să ne întreacă cu cel puţin un metru. Atunci i-am strigat, înălţîndu-mă către urechea lui:

— Ea a vrut să vină! Ea a vrut!! . . .

Cred că nu m-a înţeles, şi m-am grăbit să scot tabla neagră, pe care i-am scris, cu imense majuscule, aceleaşi cuvinte. Cînd i-am ridicat tabla, să le citească, a privit literele şi a clătinat din cap, zîmbind. Apoi, cu infinită grijă, şi-a apropiat mîinile de Lenora bîjbîind, neîndrăznind să o apuce, a ridicat-o, ca pe un prunc, şi a aşezat-o pe camionetă. Aşa, o putea privi mai bine şi o putea mîngîia fără să rişte să o strivească.

— Eugen! Eugen!, îi şoptea Lenora încleştîndu-şi amîndouă mîinile de pumnul lui.

Fără îndoială că nu mai auzea nimic, dar nici nu simţea nevoia să audă. Era fericit c-o poate privi foarte aproape de el, şi că-i poate vorbi. Pentru că, deşi sunetele pe care le scotea erau foarte stinse, el îi vorbea; mişca încet buzele temîndu-se să încerce mai mult. Auzeam la răstimpuri suspine şi hîrîituri ca din coşul pieptului; erau şoaptele lui de îndrăgostit.

— Ce putem face acum? Ce mai putem face?!, strigă deznădăjuită Lenora izbucnind în plîns.

— Mai tare!, îi spusei eu. Mai tare şi foarte aproape de ureche! . . .

Lenora îşi repetă de mai multe ori întrebarea, dar deşi Cucoaneş îşi apropiase urechea de ea, nu înţelese mai nimic—pentru că se

the impression that he had caused that sound in some unnatural way, by moving his shoulders or snapping his fingers or wheezing in his chest. I feel utterly incapable of describing those sounds. I cannot say that they resembled any of the innumerable sighs, groans, bangs and whistles which I had heard in nature—and yet they evoked something, something from a vague sphere of dreams, fevers and animal fears, and this involuntary evocation by itself overwhelmed one with terror, fascinating one and suspending for so many unsettling moments one's sense of the present.

It is probable that my friend was perfectly well aware of the eeriness of the sounds he was uttering, because all the time, as far as he could, he avoided speaking to us. But when he set eyes on Lenora at the start, as we were getting out of the van, he raised his bare arms to the skies and broke out into a flood of sound which petrified us. Then he took several steps and with some difficulty knelt down beside us, smiling. He knelt down and at the same time bent his back so as to be able to get nearer to us, but only succeeded in reducing his stature by half, continuing to tower above us by at least a metre. Then I shouted to him, lifting myself towards his ear:

"*She* wanted to come! *She* wanted it!"

I suppose he didn't understand me, and I hastened to produce the black slate, on which I wrote the same words in enormous capitals. When I lifted the slate to him to read, he looked at the letters and shook his head, smiling. Then, with infinite care, he brought his hands up to Lenora, groping, not daring to grip her, lifted her up like a baby, and set her down on the van. In this way he could look at her better and could caress her without the risk of crushing her.

"Eugen! Eugen!" whispered Lenora, clasping both her hands on his fist.

Evidently he could no longer hear anything, but neither did he feel the need to hear. He was happy that he could watch her near at hand and that he could talk to her. For, although the sounds which he uttered were very muffled, he was talking to her; he was gently moving his lips, fearing to attempt more. At intervals I could hear sighs and wheezings as from his chest; they were lovers' whispers.

"What can we do now? What else can we do?" cried Lenora in despair, bursting into tears.

"Louder!" I told her. "Louder and very close to his ear!"

Lenora repeated her question several times, but although Cucoaneş had brought his ear close to her, he understood practically

mulțumi să ridice din umeri și să zîmbească cu o infinită, resemnată tristețe. Se plecă și ridică tabla neagră. Anevoie izbuti să apuce între degete bucata de cretă. Totuși, răbdător, fără să se descurajeze, căznindu-se ca un copil la primele lui litere, scrise cu majuscule de-a curmezișul tablei: *E bine.*
— În ce sens e bine? strigai eu. Te simți mai liniștit? Vezi lumea cu alți ochi? Vezi lucruri pe care noi nu le putem vedea...?
La toate aceste întrebări, strigate cu o supremă încordare, și mai mult ghicite, se mulțumi să zîmbească și să arate, cu un braț ridicat visător, cerul. Reluai întrebările.
— Spune-ne totuși ce vezi, ce simți, ce înțelegi! Spune-ne dacă există Dumnezeu și ce-ar trebui să facem ca să-l cunoaștem și noi! Spune-ne dacă viața continuă după moarte și cum să ne pregătim pentru ea. *Spune-ne ceva!* Învață-ne!...
Prietenul meu îmi arătă atunci din nou cele scrise pe tablă și, cu o izbucnire de bucurie, ridică brațele către cer și începu să ne vorbească. Răsunau văile la cuvintele lui. Era ca prevestirea unei furtuni, tremurau copacii și se plecau crengile. Lenora închisese speriată ochii, și noi toți ne făcuserăm parcă mai mărunți decît păream că sîntem. Dar în mine, cu toată teroarea, stăpînea dorința de a ajunge pînă la el și a afla tainele pe care el le cunoștea acum. Am așteptat să înceteze și am scris pe tablă o altă întrebare: "Ce este *acolo?*" Am scris cu majuscule ca să poată citi cu mai multă ușurință. Eugen păru puțin plictisit de stăruințele mele, dar, deschizînd palma ca să-i dau bucata de cretă, se așeză din nou la lucru. După cîteva minute îmi arătă: *Totul este!* Înălță brațele către cer, îndreptîndu-le apoi către pămînt, către munți și văi. Mă arătă pe mine, zîmbind, o arătă pe Lenora, pe șofer; apoi bătu vesel camioneta cu latul mîinii, și începu să rîdă. Îl priveam, tustrei, în neștire. Văzîndu-ne cum stăm acolo, nepricepuți, se depărtă de noi și rupse dintr-un copac o creangă. Apoi, cu atenție, smulse din ea trei rămurele verzi, și ni le întinse, pe rînd, la fiecare. Le-am luat cu mare teamă, parcă am fi ghicit, ca prin vis, că ni se dezvăluie o cutremurătoare taină. Și am rămas toți trei cu ramura verde în mîini, privindu-l. Cucoaneș a început atunci din nou să rîdă, peste măsură de înveselit de buna noastră cuviință. Dar, rîzînd, Lenora se chirci de frică, și el întinse mîinile ca s-o mîngîie. Ispita era prea mare și nu se mai putu stăpîni. O ridică

nothing—because he was content to shrug his shoulders and smile with an infinite, resigned sadness. He bent down and picked up the slate. With difficulty he succeeded in gripping the piece of chalk between his fingers. Nevertheless, patiently and without losing heart, struggling like a child with his first letters, he wrote in capitals across the slate: *It's good.*

"In what sense is it good?" I cried. "Do you feel calmer? Do you see the world with other eyes? Do you see things which we can't see?"

To all these questions, shouted with a supreme effort and mainly as guesses, he was content to smile and to point to the sky with an arm dreamily raised. I began the questions again.

"Tell us, all the same, what you see, what you feel, what you apprehend! Tell us whether God exists and what we ought to do so that we too may know him. Tell us whether life continues after death and how we are to prepare for it. *Tell us something!* Teach us!"

My friend then showed me again what he had written on the slate and, with a burst of joy, raised his arms to heaven and began to speak. The valleys resounded to his words. It was like the forewarnings of a storm; the trees trembled and the branches bent. Lenora had closed her eyes in fear, and we all made ourselves, it seemed, smaller than we thought we were. But in me, despite my terror, there prevailed the longing to reach him and to learn the mysteries which he now knew. I waited for him to cease and wrote another question on the slate: "What exists *there?*" I wrote in capitals so that he should be able to read more easily. Eugen seemed a little put out by my persistence, but opening his palm for me to give him the piece of chalk, he set to work again. After a few minutes he showed me: *Everything!*

He raised his arms to the sky, then directed them towards the earth, the mountains, the valleys. He pointed to me with a smile, he pointed to Lenora, to the driver, then he gaily tapped the van with the flat of his hand and began to laugh. We all watched him in bewilderment. Seeing us stand there uncomprehending, he left us and broke a branch from a tree. Then carefully he pulled three twigs from it and held one out to each of us in turn. We took them in great fear, as though we had guessed, as in a dream, that an earth-shaking mystery was being revealed to us. And we all remained with our green twigs in our hands, watching him. Cucoaneş then began laughing again, excessively amused at our decorum. But as he laughed, Lenora shrunk with fear, and he put out his hands to caress her. The temptation was too great and he could no longer

încet pe palme, aşa cum iei o statuetă pe care vrei s-o vadă cît mai multă lume, şi o înalţă în văzduh ca s-o poată privi. Lenora se apucase cu amîndouă mîinile de braţele lui, speriată. (Căci, aşa cum mi-a mărturisit mai tîrziu, o speriase în deosebi figura logodnicului ei, pe care acum o putea vedea foarte de aproape; i se părea că gura lui stă gata s-o înghită iar ochii lui o fascinează de moarte). Ca şi cînd n-ar fi observat groaza iubitei, Cucoaneş o atrase cu luare aminte către pieptul lui, păstrînd-o ca pe o păpuşă şi legănînd-o. Dar cînd şi-a apropiat şi mai mult faţa, îmbîcsind-o în barba lui, voind s-o sărute—Lenora a dat un ţipăt şi şi-a acoperit ochii. Credeam că a leşinat, căci pălise şi trupul îi atîrna moale în braţele logodnicului.

De data aceasta Cucoaneş a înţeles. A aşezat-o cu luare aminte pe camionetă—de unde, ajutat de şofer, am coborît-o îndată—şi ne-a făcut semn că putem pleca. Figura i se împietrise. Nici măcar un zîmbet nu-i mai înviora ochii şi buzele nu i s-au mai deschis de atunci. I-am strigat că avem lucruri pentru el în camionetă—unelte, merinde, bocanci. N-a vrut să asculte, iar cînd, crezînd că n-a înţeles ce-i spun, am început să descărcăm lucrurile din camionetă, s-a supărat şi ne-a ameninţat cu braţul că le va zvîrli pe toate în vale dacă nu vrem să le luăm cu noi. Ca o ultimă încercare i-am scos bocancii. I-a apucat nervos şi i-a azvîrlit de nu s-au mai zărit, pe deasupra pădurii.

— E inutil!, îmi şopti Lenora. E mai bine să plecăm ... E sfîrşitul ...

I-am făcut semn cu mîna că ne ducem, şi el ne-a urat drum bun, fîlfîindu-şi braţul multă vreme deasupra capului. L-am lăsat acolo, în mijlocul şoselei, cu soarele care-l lovea deasupra, ca pe un munte.

L-am mai văzut apoi, pentru ultima oară, două săptămîni în urmă. Cîte s-au întîmplat în aceste două săptămîni, campania de presă împotriva doctorilor care l-au lăsat să scape şi a poliţiei care nu izbutea să-l găsească, premiul oferit de bizarul miliardar sud-american pentru cei care îl vor prinde viu şi i-l vor arăta, poterele organizate în Bucegi şi apoi dizolvate dintr-un înalt ordin, pe motivul că o fiinţă umană, nevinovată, nu poate fi gonită ca o fiară sălbatică—toate acestea sînt încă destul de proaspete în memoria cititorilor ca să mai fie nevoie să le reamintesc. Din cînd în cînd ajungeau zvonuri la Sinaia sau la Predeal că macrantropul a fost zărit lîngă un izvor sau coborînd dintr-o pădure, dar zvonurile acestea erau atît de contradictorii, amănuntele care se

control himself. He lifted her gently in his palms, as you take up a statuette which you want as many people as possible to see, and raised her in the air so as to be able to look at her. Lenora had gripped his arms with both hands, terrified. (For, as she confessed to me later, she had been frightened in particular by her fiancé's face, which she could now see from close at hand; his mouth looked ready to swallow her and his eyes had a deadly fascination). As if he had not noticed his beloved's panic, Cucoaneş drew her carefully to his breast, fondling her like a doll and rocking her. But when he brought his face nearer, entangling her in his beard as he tried to kiss her, Lenora uttered a scream and covered her eyes. I thought she had fainted; she had turned pale and her body hung limp in her fiancé's arms.

This time Cucoaneş understood. He set her carefully on the van—from which, with the driver's help, I at once took her down—and signed to us that we could go. His face had set hard. Not even a smile enlivened his eyes and his lips did not open again. I shouted to him that we had things for him in the van—tools, provisions, boots. He would not listen, and when, thinking that he had not understood what I was telling him, I began to unload the things from the van, he was annoyed and threatened with a wave of his arm to hurl them all into the valley if we refused to take them with us. As a last attempt I took out his boots. He seized them irritably and flung them away so that they vanished over the forest.

"It's useless!" whispered Lenora. "We'd better go. It's the end."

I waved to him that we were going, and he wished us a good journey by waving his arm for a long while above his head. We left him there in the middle of the road with the sun striking on him from above as though he were a mountain.

I saw him again for the last time two weeks later. What happened in those two weeks—the press campaign against the doctors who had let him get away and the police who did not succeed in finding him, the prize offered by the eccentric South American millionaire for those who should catch him alive and show him to him, the groups organised in the Bucegi and then disbanded on high-level instructions, on the ground that an innocent human being may not be hunted like a wild beast—all these things are still fresh enough in the memory of readers for there to be no need to recall them. From time to time rumours reached Sinaia or Predeal that the macranthrope had been sighted near a spring or descending out of a forest, but these rumours were so contradictory, the details which were

dădeau atît de fantastice (că era asemenea unui munte, că avea mai multe braţe şi mai mulţi ochi, că rostogolea stînci uriaşe în vale, că ar fi fost văzut cum mînca de viu un bivol, etc.), încît lumea începea să se îndoiască de autenticitatea vedeniilor.

Singurele indicii dincolo de orice îndoială asupra existenţei prietenului meu în munţii Bucegilor şi Piatra Craiului, erau trunchiurile de copaci rupte şi urmele trecerii lui prin vreo pădure mai măruntă. De altfel, aşa cum declarau toţi cei care pretindeau că îl zăriseră, el nu umbla decît în timpul nopţii, ziua rămînînd ascuns prin cine ştie ce coclauri. Nu s-au găsit nici un alt fel de urme. Cortul şi lucrurile transportate de noi dispăruseră ca prin farmec. La valea unde îl lăsasem ultima oară, au mai venit nenumăraţi cercetători— căci şoferul fusese destul de precis în declaraţiile făcute ziariştilor— dar, fără să mai găsească ceva, nici măcar urma unui foc de găteje.

Două săptămîni în urmă, la căderea nopţii, mă aflam în maşina unui prieten pe şoseaua care duce de la Moroieni spre uzina electrică de la Dobreşti. Trecusem de sanatoriul Moroieni cînd, în dreptul uneia din nenumăratele cotituri prin care şerpuieşte şoseaua, un grup de oameni ne-au făcut semne să oprim. La lumina lunii, am ghicit o neasemuită groază întipărită pe figurile lor. Erau muncitori care se întorceau de la lucru, şi toţi îşi ţineau tîrnăcoapele şi lopeţile bine strînse în mîini, ca şi cum s-ar fi pregătit de o deznădăjduită luptă cu moartea.

— E arătarea, domnule, e arătarea în pădure!, izbuti să vorbească unul dintre ei.

— Mişcă pădurea într-una, spuse un altul. E arătarea, uriaş cum n-a mai fost! E ucigă-l Crucea, el e!

În acea clipă, trosni nefiresc pădurea, şi o revărsare de pietre şi pietriş începu să se scurgă din toate părţile în şosea. Am încremenit cu toţii. Oamenii se înghesuiră în jurul maşinii, cu tîrnăcoapele ridicate. Şi, dintre copaci, încovoiat în două ca să se ascundă şi ferindu-şi capul de vîrfurile lor înalte, ieşi fără teamă prietenul meu Cucoaneş. Era cu totul gol, în afară de păturile zdrenţuite pe care şi le înodase după cum se pricepuse în jurul coapselor. Cînd, odată ajuns în şosea, îşi îndreptă trupul, părea de trei ori mai înalt decît îl văzusem ultima dată. (Dar asupra înălţimii lui, părerile s-au dovedit în urmă extrem de împărţite; tovarăşul meu pretindea că n-are mai mult de 15–16 metri; eu înclinam către 20–22, iar unii dintre muncitori socoteau că trece chiar de 30 de metri). Îşi păstrase aceeaşi perfectă proporţie a trupului, ceea ce îl făcea să semene a om, în pofida monstruoaselor lui dimensiuni. Doar barba îi crescuse prodigios, căzîndu-i valuri pe nesfîrşitul lui piept. Călca

given so fantastic (that he was like a mountain, that he had several arms and several eyes, that he rolled giant rocks into the valley, that he had been seen eating a buffalo alive, etc.) that people began to doubt the authenticity of the visions. The only absolutely indubitable indications of my friend's existence in the mountains of Bucegi and Piatra Craiului were the broken tree trunks and the traces of his passage through some smaller forest. Anyhow, as all those who claimed to have seen him declared, he only moved about at night, remaining hidden by day in secret and inaccessible places. No other sort of trace was found. The tent and the things transported by us had miraculously disappeared. Countless investigators came to the valley where we had left him on the last occasion—the driver had been fairly precise in his statements to the journalists—but nothing more was found, not even traces of a wood fire.

Two weeks later, at nightfall, I was in a friend's car on the road which leads from Moroeni to the electric power station at Dobreşti. We had passed the Moroeni sanatorium when, at one of the countless bends through which the road twists, a group of men signed to us to stop. In the light of the moon we made out the imprint of extreme terror on their faces. They were workmen on their way home from work, and all held their picks and shovels tightly gripped in their hands as if prepared for a desperate struggle with death.

"It's the ghost, sir, the ghost in the forest!" one of them succeeded in saying.

"He keeps on moving the forest," said another. "It's the ghost, a giant such as never was. It's the Devil himself!"

At that moment an unnatural cracking sounded from the forest, and a torrent of rocks and stones began to flow on to the road from all directions. We were all petrified. The men clustered round the car with raised picks. And from among the trees there emerged fearlessly, bent double to conceal himself and protecting his head from the lofty tree tops, my friend Cucoaneş. He was completely naked except for the tattered blankets which, as he had learned to do, he had fastened round his thighs. When, on reaching the road he straightened himself, he seemed three times as tall as when I had last seen him. (But as to his height opinions afterwards proved to be extremely divided; my companion claimed that Cucoaneş was not more than 15 or 16 metres tall, I inclined to 20–22, and some of the workmen reckoned that he was more than 30 metres). He had kept the same perfect bodily proportion, which made him look like a man in spite of his monstrous dimensions. Only his beard had grown prodigiously, falling in waves on his vast chest. He trod

fără să privească, şi fără îndoială că ne-ar fi strivit dacă nu ar fi zărit farurile aprinse ale maşinii. Ca şi cum luminile acestea i-ar fi amintit de ceva încă important pentru el, s-a oprit o clipă şi şi-a plecat puţin fruntea către noi. Dar în clipa următoare a ridicat din umeri şi şi-a văzut de drum. A coborît valea şi a început să urce, lin, fără grabă, coama dealului despădurit din faţă. Curînd a ajuns pe creastă şi îl puteam urmări argintat în bătaia lunii, cum se profilează pe cerul clar, cu barba în vînt, ca o apariţie de sfîrşit de lume.

Aceasta a fost tot. Şi aceasta a fost, cred, ultima oară cînd Eugen Cucoaneş a fost văzut aievea, de către un grup de oameni care nu mai puteau fi învinuiţi, ca atîţia alţii, de năluciri. Luni de zile după aceea, Cucoaneş a fost căutat pretutindeni. Ştirile care se auzeau despre el s-au dovedit cu totul incontrolabile. În luna Octombrie, se spunea, ar fi fost zărit de un grup de ţărani care se întorceau de la cîmp către miezul nopţii, pe Bărăgan; paşii lui se aflau, după mărturia unora, la distanţe de 40–50 metri. Dar, cum se întîmpla, urmele acestor paşi erau întotdeauna şterse de ploaie, căci Cucoaneş nu umbla decît pe vreme ploioasă (poate, tocmai pentru a i se şterge urmele; poate, fiindcă se temea să nu calce oamenii aflaţi la treburi, şi umbla la ceasuri din noapte şi pe vreme rea, cînd ştia că toţi ceilalţi se odihnesc). Către sfîrşitul aceleiaşi luni, ar fi fost zărit la nord de Constanţa, îndreptîndu-se către mare. Unii mărturiseau chiar că l-ar fi văzut intrînd în mare şi înotînd—dar aşa cum a dovedit ancheta întreprinsă cîteva zile în urmă, mărturisirile acestea erau cu totul lipsite de temei. Şi, curînd după aceea, nu s-a mai ştiut nimic de Eugen Cucoaneş.

Cascaes, Februarie 1945.

without looking, and would certainly have crushed us if he had not spotted the lighted headlamps of the car. As though those lights reminded him of something which was still important to him, he stopped a moment and bent his forehead a little towards us. But a moment later he shrugged his shoulders and went his way. He descended the valley and began to climb calmly, unhurriedly, the ridge of the deforested hill in front. Soon he reached the crest and we could follow him silvered in the light of the moon, as he was outlined against the clear sky with his beard in the wind, like an apparition at the end of the world.

That was all. And that, I suppose, was the last time when Eugen Cucoaneş was really seen by a group of men who could not be accused, like so many others, of hallucinations. Months later Cucoaneş was searched for everywhere. The reports heard about him proved quite impossible to check. In October, it was said, he was seen by a group of peasants returning from the fields about midnight, in the Bărăgan; his footprints were, according to the evidence of some, 40–50 metres apart. But as it happened, these footprints were always removed by rain, for Cucoaneş only went about in rainy weather (perhaps precisely in order that his footprints should be removed, perhaps because he was afraid of treading on men at work and used to go about at night time and in bad weather when he knew that everybody else was resting). Towards the end of the month he was reported to have been seen to the north of Constanţa, making for the sea. Some even gave evidence that they had seen him entering the sea and swimming—but as was proved by the enquiry held a few days later, these depositions were wholly lacking in substance. And soon after that, nothing more was heard of Eugen Cucoaneş.

Cizmarul din Hydra

STAU întins în pat, cu mîinile sub cap, într-o cameră de hotel, la Atena. E după amiază, ora siestei. Nici un suflu de aer nu vine de afară, pe fereastra deschisă. La cea mai uşoară mişcare pe care o fac îi simt atingerea caldă pe obraji, ca o mîngîiere. Ştiu că pe străzi, care forfotă seara de lume, pînă tîrziu după miezul nopţii, puţini trecători se încumetă acum dealungul trotuarelor înguste, cu asfaltul muiat de arşiţă. Mă gîndesc cu plăcere că pe la 4 am să cobor la cafeneaua din dosul Poştei să iau o cafea turcească şi un şerbet de lămîie, cu două pahare de apă la ghiaţă, aburite. Pînă atunci am timp să mai fumez o ţigară.

Se împlinesc trei săptămîni de cînd am sosit la Pireu—tot într-o joi. Duminică voi lua vaporul pentru Veneţia, şi de acolo cu trenul, înapoi, la Londra. Cum a trecut de repede timpul, şi totuşi ce plin! Unde-a putut să încapă tot ce am văzut? Tot ce plănuisem să văd... Poate prea mult?... Altădată, dacă mă mai întorc, voi revedea pe îndelete şi pe alese. Am de unde... însă e numai un gînd vag, nu vreau să-mi promit nimic. E prea cald acum; mi-e lene şi bine....

Jumătate din Acropole, cu Partenonul, se încadrează în fereastra deschisă, ca într-o ramă de tablou. Peste acoperişuri înghesuite pînă subt poalele colinei pluteşte o pîclă vînăt-roşietică, tremurătoare. În lumina crudă a dupamiezii, rîpe sterpe cu pete rare de verdeaţă prăfoasă, printre muchii de piatră, par petice rămase dintr-o piele roasă la încheieturi. Deasupra, în cerul şters, un şir de coloane fracturate şi o latură a templului, de un galben muced, îşi expun goliciunea macabră, de osminte. Tabloul mă fascinează. Îl recapitulez mental, dedicîndu-l turiştilor viitori: nu-l vor găsi în nici un ghid. Aşa ceva nu există decît în realitate. Acropole poate fi văzută şi aşa.

Brusc, îmi dă prin gînd: "Dacă aş încerca?... Să mă duc—de pildă, mîine—undeva, într-o insulă fără trecut şi ruini istorice, de care să nu fi auzit nici din nume..." Întind mîna, pipăind pe noptieră, după ghidul adus din Londra, *Your Holiday in Greece:*

The Cobbler of Hydra

I LIE stretched on the bed, with my hands under my head, in a hotel room at Athens. It is afternoon, the hour of the siesta. Not a breath of air comes from outside through the open window. At the slightest movement which I make, I feel its warm touch on my cheeks like a caress. I know that on the streets which in the evening swarm with people till long after midnight, few passers-by are now venturing along the narrow pavements with their asphalt melting in the heat. I reflect with pleasure that about 4 I shall go down to the café behind the Post Office to have a Turkish coffee and a lemon sherbet with two misted glasses of iced water. Before that I have time to smoke another cigarette.

It is three weeks since I reached the Piraeus—also on a Thursday. On Sunday I shall take the steamer for Venice, and from there by train back to London. How quickly the time has passed, and yet how full it has been! How could there have been room for all that I have seen? All that I had planned to see . . . Perhaps too much? Another time, if I return, I shall see it again in a more leisurely and selective way. But it is only a vague thought—I don't want to make myself any promises. It is too hot now; I feel lazy and happy.

Half of the Acropolis, with the Parthenon, is set in the open window as in a picture frame. Over roofs huddling right up to the foot of the hill floats a dark-reddish haze, quivering. In the harsh light of afternoon, barren clefts with infrequent stains of dusty greenery between the edges of rock seem like patches left from a hide which has been gnawed at the joints. Above, in the pale sky, a line of fractured columns and one side of the temple, mouldy yellow, expose their macabre, bony nakedness. The picture fascinates me. I run over it in my mind, dedicating it to future tourists. They will not find it in any guide. Such a thing only exists in reality. This *too* is a way of seeing the Acropolis.

Suddenly there shoots through my mind: "Suppose I tried? To go—say, tomorrow—somewhere, to an island with no past and no historic ruins, which I had never even heard of by name?" I stretch out my hand, feeling on the bedside cupboard for the guidebook brought from London, *Your Holiday in Greece;* the guide

ghidul cade jos, lîngă pat, desfăcut. Îl ridic şi citesc la pagina deschisă: "În insula Hydra nu-i mare lucru de făcut, afară doar să te scalzi, să pictezi ori să stai într-o cafenea, lăsînd timpul să treacă. Dar acesta e farmecul ei: un farmec patriarhal, pe care l-a păstrat, cu toate că e aproape de Atena" . . .

Apoi gîndul, iarăşi întrebător: "Ce-ar fi dacă . . .?". Însă răspunsul e gata, înainte de-a fi terminat întrebarea: "Mîine dimineaţă plec la Hydra, rămîn acolo peste noapte şi mă înapoiez sîmbătă seara." Sînt uimit şi încîntat de rapiditatea hotărîrii. Acum pot să-mi ofer o cafea turcească şi un şerbet de lămîie, cu două pahare de apă la ghiaţă, aburite, la cafeneaua din dosul Poştei.

Vaporul pleacă devreme. De la Monastiraki, cu trenul electric, care merge o parte de drum pe subt pămînt, ajung în vreo 20 de minute la Pireu—înainte de 8. NEREIDA aşteaptă la chei, printre alte vaporaşe cu nume de insule, zei şi eroi din mitologie, toate albe, svelte, tremurînd uşor de vibraţia motoarelor care duduie înfundat. Străbat puntea dinapoi—cu scaune şi bănci de grădină pe margini, subt prelata de pînză—şi mă duc la proră. Pe vasul dinspre babord, SALAMIS, coverta e plină de o mulţime însufleţită, gălăgioasă. Un grup de fete în uniformă e întîmpinat cu aplauze; apoi, din nou rîsete, chemări şi—deodată—un ţipăt sfîşietor: "Adonis! . . ." O femeie în negru se repede la parapetul împletit, de sîrmă, peste care încalecă un băieţel de vreo cinci ani, în tricou marinăresc vărgat şi pantaloni scurţi, albaştri. Femeia îl culege c-o mînă de bretelele încrucişate şi înainte de a-l depune în siguranţă, pe punte, aplică energic, cu palma celeilalte, un avertisment răsunător pe locul destinat memorării primelor învăţături de minte din viaţă. Adonis urlă, se zbate şi, după înregistrarea lecţiei, se repede înapoi la parapet, proptit în palme, cu nasul într-un ochi de sîrmă şi lacrimi pe obraz. Îi fac un semn amical cu mîna, dar el îmi răspunde scoţînd limba prin plasă.

Mugetul sirenei acoperă brusc toate sgomotele. Un panaş de aburi ţîşneşte deasupra coşului scund, dat pe spate. SALAMIS se desprinde încet de la chei, înaintînd prin forfota de şalupe şi bărci cu motor, care-i fac loc. Fetele au început să cînte o melodie tărăgănată, de cale lungă, c-un refren repetat de toţi călătorii, care bat şi în palme, ritmic, în timp ce vaporaşul se depărtează iute.

falls down, open, beside the bed. I pick it up and read at the open page. "In the island of Hydra there is not much to do except bathe, paint or sit in a café, letting the time pass. But this is its charm: a traditional charm which it has kept, although it is near Athens."

Then my thought, again questioning: "How would it be if . . . ?" But the answer is ready before I have finished the question: "Tomorrow morning I leave for Hydra, stay there overnight and return on Saturday evening." I am astonished and delighted by the speed of my decision. Now I can treat myself to a Turkish coffee and a lemon sherbet, with two misty glasses of iced water, at the café behind the Post Office.

The steamer leaves early. From Monastiraki by electric train, which goes part of the way underground, I reach Piraeus in about 20 minutes—before 8. The *Nereid* is waiting at the quay among other steamers named after islands, gods and heroes from mythology, all white, trim, slightly quivering from the vibration of their engines, which are making a muffled roar. I cross the aft deck—with chairs and garden seats around the edges under a canvas awning—and go to the bows. On the ship to port, the *Salamis*, the deck is covered with an animated, noisy crowd. A group of girls in uniform is greeted with applause; then laughter again, calls—and suddenly a piercing shriek: "Adonis!" A woman in black rushes to the railing of wire mesh, on which a little boy of about 5 in a striped sailor vest and blue shorts is getting astride. The woman picks him up with one hand by his crossed braces and before putting him down in safety on the deck, energetically applies with the palm of her other hand a resounding reminder on the place intended for memorising the first lessons of life. Adonis howls, writhes, and after taking note of the lesson, rushes back to the rail, leaning on his palms with his nose in a hole in the wire and with tears on his cheek. I give him a friendly wave of the hand, but he replies by putting his tongue out through the mesh.

The lowing of the hooter abruptly drowns all noises. A plume of steam jets out above the squat funnel, leaning backwards. The *Salamis* slowly detaches herself from the quay, advancing through the bustle of launches and motor-boats, which make room for her. The girls have begun to sing a long drawn out melody with a refrain repeated by all the passengers, who clap their hands rhythmically as the steamer moves swiftly away.

După pregătirile din jurul meu, înţeleg că acum e rîndul NEREI-DEI. Răsufletul de aburi îneacă rîcnetul sirenei, care mai icneşte odată, scurt, răguşit. Ocolim încet, dealungul cheiului, aproape de un caic plin cu salate, ardei verzi şi pătlăgele vinete şi roşii. Pînă trecem, asist la ultimul act al unei drame de familie. În fundul caicului, o capră behăie jalnic şi se uită-n sus, cu ochi de opaiţ, la iezii de catran, care tropăie-n loc, mărunt, neîndrăznind să sară de pe prispa cheiului înalt. Alături de ei, un flăcău oacheş, cu păr creţ şi bustul gol, împinge dindărăt ţapul, care proptit în coarne şi pe genunchii din faţă nu vrea să se urnească, protestînd şi din barbă. De jos, însă, mecanicu-l înhaţă viclean de coarne şi celălalt de coadă, săltat în sus; iar ţapul, după ce se zbate neputincios cîteva clipe, se prăvăleşte peste mecanic, în fundul caicului, lîngă capră. Atunci iezii zvîcnesc odată amîndoi prin aer, nimerind într-un coş cu lăptuci. Cum îşi regăsesc cumpăna, dau buzna subt pîntecul caprei şi împung cu boturile în ţîţă, lipiţi unul într-altul ca doi iezi siamezi. Capra îi linge apăsat şi behăie moale. Ţapul pufneşte înciudat, scuturînd din ţăcălie şi priveşte-n sus chiorîş, înfipt agresiv în copite.

Golful Pireului se desfăşoară pe stînga, într-un şir de arcuri şi bazine de piatră, cu vapoare tescuite pînă departe, printre macarale şi silozuri îndărătul cărora se zăresc, albe şi galbene, clădiri întinse din marginea apei pînă sub creştetul dealurilor din fund. De cealaltă parte, Salamina, fumurie în zare, ne întovărăşeşte o vreme.

La Egina e prima oprire. De departe recunosc promontoriul nisipos şi unica coloană rămasă, spartă-n vîrf de peniţă, a templului Afroditei. De-acum încolo—pentru mine—începe necunoscutul. Ieşim în larg, dar insule mici, fără un copac, sau numai stînci, răsar de pretutindeni, din apă. Alţi călători coboară, însă nu se urcă nimeni. Cheiul portului din insula Poros e plin de cafenele; case acoperă dealul în terasă, pînă pe culme, deasupra căreia se înalţă albă o moară de vînt cu aripi zdrenţuite. Escala următoare e Hydra.

. . . Cum o fi? De departe seamănă cu toate insulele pe care le zăream, nenumărate, răsărind de peste tot, vinete sau roz-fumurii: cînd am fost la Atos, apoi în croaziera din Creta, Rodos, Ciclade—şi azi dimineaţă, după ce am ieşit din golful Pireului. Acum creşte

By the preparations around me I realise that it is now the turn of the *Nereid*. The exhalation of steam drowns the roar of the hooter, which gives another short, hoarse blast. We move slowly past the quay close to a caique loaded with salads, green peppers, aubergines and tomatoes. As we pass, I witness the last act of a family drama. In the bottom of the caique a nanny-goat is bleating mournfully and looking up with glimmering eyes at her pitch-black kids, who are marking time feebly, not daring to jump from the edge of the high quay. Beside them a swarthy youth with curly hair and bare chest is pushing the billy-goat from behind; the latter, putting its weight on its horns and on its front knees, refuses to budge and protests with its beard as well. But from below the engineer cunningly grabs it by the horns and the other man by the tail, tossing it into the air; and the billy, after struggling impotently for a few seconds, collapses over the engineer into the bottom of the caique beside the nanny. Then the kids hurtle through the air both together, landing in a basket of lettuces. When they regain their balance, they dash under the nanny's belly and nuzzle her teats, as closely attached to one another as Siamese twins. The nanny licks them firmly and bleats softly. The billy snorts aggrievedly, shaking his goatee and looks up askance, planted aggressively on his hooves.

The gulf of the Piraeus unfolds on the left in a line of coves and stone docks, with steamers jammed together into the distance, among cranes and silos, behind which can be seen, white and yellow, buildings spreading from the water's edge up to the crest of the hills in the background. On the other side, we are accompanied for a while by Salamis, smoky against the sky.

The first stop is at Aegina. From a distance I recognise the sandy promontory and the single remaining column, split like the point of a nib, of the temple of Aphrodite. This is where—for me—the unknown begins. We emerge into the open sea, but small treeless islands or mere rocks rise up everywhere from the water. Other passengers get off, but no one gets on. The quay of the harbour in the island of Poros is full of cafés; houses cover the hill in terraces up to the top, above which a windmill with tattered sails rises white. The next stop is Hydra.

What will it be like? From a distance it resembles all the islands which I used to see rising up everywhere, blue-black or smoky pink; when I was at Athos, and then on the cruise to Crete, Rhodes and the Cyclades—and this morning as we came out of the Gulf of Piraeus. Now it is growing on the background of the horizon like

în fundul orizontului, ca un munte albastru mai dens şi mai întunecat decît apa, sub cerul şters unde soarele de metal topit se învîrte-n loc ameţitor, într-un cearcăn tremurat. Cînd ne apropiem, culoarea i se schimbă: întîi pămîntie, apoi verde-palidă, cu pete cenuşii de stîncă. NEREIDA ocoleşte larg ţărmul abrupt, cu far deasupra—şi deodată portul se desface rotund, cu case multicolore în amfiteatru, coborînd de pretutindeni, printre grădini. Mugetul sirenei umple văzduhul, trezind ecouri repetate. O barcă cu motor pleacă de la chei spre vapor, păcănind rar. În aerul dogoritor al amiezii ajunge înaintea ei un răsuflet moale, c-o boare dulceagă de mirodenii, din insulă . . .
Dealungul cheiului, printre cafenele cu umbrare de pînză vărgată în culori, tarabe cu grămezi de fructe şi verdeţuri. Drept în faţă văd firma unui hotel; dar e prea la iveală şi mă tem că s-ar putea să fie zgomot seara, pînă tîrziu. Acum, doar pocnetul sec, de oase, al tablelor se aude pe fereastra deschisă. Mă uit în dreapta, peste turla cu zăbrele de piatră, cît o colivie, unde tocmai sună orele subţirel, tremurat—12; apoi în stînga, spre drumul cu brîu de piatră, care duce la far. Acolo, printre ultimele case, desluşesc sub acoperişul de olane al uneia, în litere mari: APOLLO. Numai de-ar avea o cameră liberă! . . .
Împing uşa grea, de stejar, de la intrare şi caut soneria: nu e. Bat în palme, aştept; nu răspunde nimeni. E răcoare, lumina puţină. Dealungul peretelui văruit, o scară de lemn. Urc încet, c-o mînă pe marginea lunecoasă a balustradei. Parcă-i o scară de pod, din copilărie. Cînd ajung pe ultima treaptă, bag de seamă că mi-am uitat valiza jos, lîngă uşă. Încalec pe balustradă şi-mi dau drumul devale, cu inima bătînd repede şi gura uscată. Alunec vertiginos şi cad în picioare, pe amîndouă, ca odinioară. Nu m-a văzut nimeni: îmi savurez singur triumful . . .
Pe culoarul lung şi îngust de sus miroase a busuioc şi mere. Lîngă peretele din stînga, pe o măsuţă, un carnet deschis, tipărit în greceşte: trebuie să fie fişele pentru călători. Alături, o călimară cu toc şi, dintr-o gravură, în perete, chipul unui bărbat mustăcios, încruntat sub fesul cu ciucure—vreun erou naţional. Îi descifrez numele dedesubt: Kolokotronis.
Uşa cu geamuri din fundul culoarului e dată în lături. Mă duc pînă acolo, apoi ies pe terasă, în dreapta căreia e o bucătărioară. Prin fereastra deschisă zăresc pe cineva în picioare, aplecat peste maşina de gătit.—*Kalimera*, zic.—*Kalimera sas*, îmi răspunde cel

a blue mountain denser and darker than the water, beneath the faded sky where the molten metal sun spins dizzily in a quivering halo. As we approach, its colour changes: first earthen, then pale green with grey patches of rock. The *Nereid* keeps well out from the steep shore with a lighthouse on top—and suddenly the harbour opens up, circular, with many-coloured houses in the shape of an amphitheatre, coming down on all sides among gardens. The lowing of the hooter fills the sky, waking repeated echoes. A motor boat leaves the quay for the steamer, chuffing slowly. In the scorching air of the afternoon a soft breath arrives before it with a sickly scent of spices from the island . . .

Along the quay, among the cafés with striped canvas sunshades, are stalls with piles of fruit and greenery. Right in front I see the sign of a hotel; but it is too prominent and I am afraid that there might be noise in the evening till late. Now, there is only the dry, bony click of backgammon to be heard through the open window. I look to the right, beyond the stone-barred cupola like a cage, where the hour is just sounding, thin and quivery—twelve; then to the left, towards the road with the stone parapet which leads to the lighthouse. There, among the last houses, in large letters beneath the tiled roof of one of them, I decipher: APOLLO. If only it were to have a vacant room!

I push the heavy oak door at the entrance and look for the bell: there isn't one. I clap my hands and wait; no one answers. It is cool and there is not much light. Along the white-washed wall there is a wooden staircase. I go slowly up with one hand on the slippery edge of the banisters. It might be a loft ladder from my childhood. When I reach the last tread, I realise that I have left my bag downstairs by the door. I mount the banisters and slide down, with my heart beating swiftly and my mouth dry. I glide at a dizzy speed and land on both feet as of old. No one has seen me; I savour my triumph to myself.

On the long narrow corridor upstairs there is a smell of basil and apples. Beside the left hand wall on a little table is an open pad printed in Greek: it must be the forms for travellers. Alongside, an inkstand and pen, and in an engraving on the wall the figure of a man with moustaches, frowning under his tasselled fez—some national hero. I decipher his name underneath: Kolokotronis.

The glass door at the end of the corridor is open. I go up to it, then emerge on the balcony, to the right of which there is a kitchenette. Through the open window I catch sight of someone bending over the stove. "*Kalimera*," I say. "*Kalimera sas*," replies the person

dinăuntru, fără să se întoarcă; mai spune ceva, dar nu înțeleg: să aștept, poate, nițel. După cîteva clipe iese la iveală un bătrînel zbîrcit, chel, cu barba țepoasă. Îmi strînge amîndouă mîinile, privindu-mă vesel printre pleoapele încrețite. Parcă mă aștepta. Îi explic, mai mult cu gesturi, că vreau o cameră pînă a doua zi la prînz. Are patru, libere toate. Cea din fund, deasupra intrării—pe care mi-o arată întîi—dă înspre mare.—*That's good*, zic eu.—*No good!* Și duce o mînă ca un cornet la ureche, arătînd cu cealaltă cheiul și cafenelele; apoi, din gură: "bzzz!" Am înțeles.

Pînă la urmă îmi aleg camera de lîngă terasă: înaltă, văruită alb, cu două paturi. Între ele, o masă de lemn cu lighean de tablă și un ibric. Alături, o găleată. În fereastră, cîteva mere și un pahar cu busuioc, după perdele de borangic. Le dau în lături și privesc peste acoperișuri, la zarea din fund a insulei care urcă departe, sub cerul încins. Prin aerul tremurător, un șir de pietre ca niște trepte duce la ruinile unui schit—sau poate stînci, dar atît de albe că par unse cu var. Nici un copac, nici un tufiș. Numai pietre și iarbă friptă de arșiță . . .

Aud bătaia unui clopot, poate cel din colivia de adineauri, vibrînd subțire, prelung: s-a făcut unu. Acum să văd unde găsesc ceva de mîncare. Bătrînul coboară cu mine în stradă și arată spre cafeneaua de lîngă turlă, în timp ce-mi explică volubil și se împunge cu degetul în piept, repetînd: "Apollo." Înțeleg că e vorba de o recomandare: să mă înfățișez din partea lui Apollo—hotelul sau poate chiar hotelierul! . . . Pe femeia de menaj de la hotelul unde am stat în Atena—mică, negricioasă și stafidită—n-o chema Afroditi? iar pe băiețașul din Patmos, care ducea de căpăstru măgarul cu mine-n cîrcă, sus la mînăstire, Orestis? Nu m-aș mira ca birtașului să-i zică Poseidon; aflu din gura bătrînului că-l cheamă Vanghele.

La birt, patronul, care știe cîteva vorbe franțuzești, îmi propune ceva proaspăt, pregătit pe loc.—Da, un pește fript la grătar, chiar doi. Îi scoate vii dintr-un bazin de sticlă. Afară, la masă, iese de sub scaun o pisică neagră și oprindu-se la un pas mi se uită-n ochi, parcă vrea să mă hipnotizeze. Așa prăpădită n-am mai văzut. Îi poți număra oasele subt piele. Blana i-atîrnă stinsă, prăfoasă, de cîrpă. Farfuria cu pești e pe masă. Pisica se apropie de scaun, scîncește privindu-mă jalnic și înghite-n sec. Capetele și cozile

inside without turning round. He says something else, but I don't understand: perhaps I am to wait a bit. After a few moments there appears a wrinkled little old man, bald, with a bristling beard. He shakes me by both hands, looking at me merrily from his puckered eyelids. He seems to have been waiting for me. I explain to him, chiefly by gestures, that I want a room until lunchtime next day. He has four, all vacant. The furthest, over the entrance—which he shows me first—gives on to the sea. "That's good," I say. "No good!" And he puts one hand to his ear like an ear-trumpet, pointing with the other to the quay and the cafés; then, from his mouth: "Bzzz!" Yes, I get you!

In the end I choose the room by the balcony: lofty, whitewashed, with two beds. Between them a wooden table with a tin basin and an *ibric*. Alongside, a pail. In the window some apples and a glass with basil behind silk curtains. I push them aside and look over the roofs to the skyline of the island which climbs into the distance under the burning sky. Through the quivering air a series of rocks like steps lead to the ruins of a hermitage—or perhaps they are cliffs, but so white that they appear whitewashed. Not a tree, not a bush. Only stones and grass roasted in the blaze.

I hear the striking of a bell, perhaps the one in the cage just now, a thin, prolonged vibration; it is one o'clock. Now let me see where I can find something to eat. The old man comes down with me into the street and points to the café beside the clocktower, while explaining volubly and stabbing his chest with his finger, as he repeats "Apollo!" I realise that it is a question of a recommendation: I am to introduce myself as from Apollo—the hotel, or perhaps the hotelkeeper himself? Isn't the maid at the hotel where I stayed in Athens—small, dark and dried up—called Aphrodite? And the boy on Patmos, who led the donkey by its bridle with me on its back up to the monastery, Orestes? I shouldn't be surprised if the restaurant-keeper is called Poseidon; I learn from the old man that his name is Vanghele.

At the restaurant the proprietor, who knows a few words of French, suggests something fresh, cooked on the spot. "Yes, a grilled fish—in fact, two." He takes them alive from a glass tank. Outside, at table, a black cat comes out from under the chair and stopping at one pace distance looks me in the eyes, as if trying to hypnotise me. I have never seen such a miserable cat before. You can count the bones under her skin. Her fur hangs on her, dull, dusty, like rag. The plate of fish is on the table. The cat approaches the chair, whimpers as she watches me sadly, and gulps. The heads

sînt pentru ea. Le înhață din aer și se bagă sub scaun, de unde-o
aud mormăind. Peștele e gustos—și vinul gălbui, de la gheață, cu
aromă de tămîioasă. Împărțim și felia de brînză albă, pe care
singur tot n-o puteam termina.
Fumez țigarea și plătesc. Am să iau mai tîrziu cafea. M-aș întinde
nițel acum, chiar dacă nu dorm. E prea cald pentru plimbare. Mă
ridic să plec și în treacăt întind mîna să mîngîi pisica, adunată
ghem, cu nasul în piept; dar ea țîșnește în patru labe, se întinde
pînă-n vîrful cozii tremurate, cască și întoarce capul spre mine, cu
privirea întrebătoare. — Vrei să-mi spui ceva? Pisica miorlăie
rotund ca o porumbiță și apucă la dreapta, după cafenea, pe-o
uliță îngustă. Nu-mi aduc aminte s-o fi văzut cînd m-am dus la
hotel, nici după aceea. — Bine, merg și eu cu tine, că tot n-am
nimic de făcut.
Mă țin de urma ei, aproape. Umblă ca în somn. — De unde
știi tu să calci așa lin? Parcă nici nu te sprijini în pămînt. Ia să
încerc să umblu și eu ca tine. Întind pasul, dar mă poticnesc într-un
pietroi rotund și-mi sare sandala din piciorul drept. Bareta sa-
rupt la cusătură și atîrnă din cataramă. "Așa-mi trebuie," mă cert
singur; dar nu mi-e necaz, ba chiar mă bucur prostește ...
Pisica s-a întins la umbra îngustă a zidului și se linge pe piept,
apăsat; apoi se oprește, parcă așteptînd, cu limba scoasă ca o
petală scuturată și pleoapele strînse în două fire de aur. Mă așez
și eu, alături, sub zidul peste care atîrnă, dintr-un copac cu frunziș
rar, flori ca de crin, roșii. N-am mai văzut așa flori. Staminele scot
la iveală măciulii galbene și, dintre ele, pistilul verzui, îngroșat în
vîrf, se întinde lung, afară. "Nu le-o fi rușine florilor de goliciunea
lor? N-au de cine, nu-i nimeni să le vadă!" Îmi scot și cealaltă
sandală și ciorapii. Mă ridic și fac un pas, la soare. Piatra caldă
îmi mîngîie tălpile. De cînd eram copil și umblam în picioarele
goale, ducîndu-mă vara la scăldat în Argeș, nu mi-a fost bine ca
acum ...
"Trebuie să caut un cizmar", îmi zic — și dau să pornesc;
însă rămîn uimit, cu pasul în aer. De amîndouă laturile uliței
atîrnă peste ziduri glicine albe, și mov, și albastre, cresc tufișuri
violete de *bougainvilliers*, se răsfiră crengi cu flori roșii ca ale copacului
de-alături. Și nu e nimeni. La toate casele, obloane trase peste
somnul celor dinăuntru—ori poate-s nelocuite? ...

and the tails are for her. She catches them in the air and squeezes under the chair, where I hear her growling. The fish is tasty—and the wine yellowish, off the ice, with an aroma of incense. We also share the slice of white cheese, which I could not finish by myself.

I smoke my cigarette and pay. I shall have coffee later. I should like to spread myself out for a bit now, even if I don't sleep. It is too hot for walking. I get up to go, and in passing hold out my hand to caress the cat, which is curled up in a ball with her nose on her chest; but she darts on to her four paws, stretches to the tip of her quivering tail, yawns and turns her head towards me with an enquiring look. "Do you want to tell me something?" The cat mews chestily like a pigeon cooing, and sets off to the right behind the café along a narrow lane. I do not remember having seen it when I went to the hotel, nor afterwards either. "Very well, I'll go with you; I've nothing to do anyway."

I follow her closely. She moves as though sleepwalking. "Where did you learn to tread so gently? You don't even seem to be supported on the ground, Here, let me try to walk like you." I lengthen my step, but I trip over a round stone and the sandal flies off my right foot. The strap has broken at the seam and is dangling by the buckle. "I asked for it!" I tell myself; but I am not annoyed, in fact I am idiotically pleased.

The cat has stretched out in the narrow shadow of the wall and is licking her chest firmly; then she stops, as though waiting, with her tongue out like a fallen petal and her eyelids drawn together into two threads of gold. I sit down too beside her under the wall, over which, from a tree with sparse foliage, hang red flowers like lilies. I have never seen such flowers before. The stamens exhibit yellow knobs and from between them the greenish pistil, thickening at the tip, protrudes a long way. "Mustn't the flowers be ashamed of their nakedness? No, they've nobody to be shy of, there's no one to see them." I take off my other sandal and my socks. I get up and walk a step in the sunshine. The hot stone caresses my soles. I haven't felt so good since I was a child and went about with bare feet when I used to go bathing in the Argesh in summer.

"I must look for a cobbler," I say to myself—and start to move off; but I stop in amazement with my step uncompleted. On both sides of the lane white, mauve and blue wistarias dangle over the wall, violet bougainvillea bushes grow, branches with red blooms like those of the tree beside me spread And there is no one. In all the houses shutters are drawn over the sleep of the inmates—or perhaps they are uninhabited?

Pisica se depărtează neauzit, cu pasul ei de pîslă. Umblă cu ochi închişi; numai scîncetul slab, ca dintr-un somn cu vise, i-l aud rar. Cînd s-a făcut aşa frumoasă? Îi luceşte blana ca de mătase. Mă cuprinde o sfială neînţeleasă . . .
Drumul începe să urce pe trepte de piatră tocită, astupate la crăpături şi unse cu var. Flori nu se mai văd. Numai ziduri scunde, domoale, troienite alb. Îndărătul lor, ceardacuri adînci cu ferestre în fund, fără geamuri; dar nicăieri nimeni. Uliţa se îngustează rotund, ca un tunel orbitor de zăpadă încinsă. Lespezile urcuşului nu se mai cunosc, într-o continuă unduire de ninsori încremenite . . .
La capătul tunelului, pe o prispă sub ceardac, toarce o bătrînă în negru. Sub testemel îi zăresc doar obrazul creţ ca o nucă şi gura suptă, fără buze. — *Kalimera!* o salut, scoţîndu-mi şapca. Ea îşi leagănă braţele, cu fusul şi furca, dintr-o parte în alta, înclinînd uşor capul. Nu m-a auzit, sau eu . . . ? Aş vrea s-o întreb de un cizmar, însă nu ştiu cum; şi mă las într-un genunche, arătîndu-i sandala cu bareta smulsă. Bătrîna nu-şi ridică ochii dar mişcă din nou, fără să se oprească din tors, mîinile-i veştede, într-un gest care poate să însemne: mai încolo, aproape . . .
Unde-o fi dispărut pisica? Pornesc înainte singur, pe drumul drept acum. Uliţa se lărgeşte. Peste cîţiva paşi, în dreapta, unde e puţină umbră, mă opresc dinaintea unei deschideri ca de vitrină, goală, fără geamuri. Aş putea încăleca uşor peste pragul scund, deadreptul înăuntru. Aplecat peste măsuţă, un om în cămaşă albă cu mîneci suflecate şi încins c-un şorţ negru ciocăneşte încet, pe un calapod, între genunchi. Îl salut din fereastră, apoi trec pe subt pragul dealături, fără uşă, în atelier. Mă pofteşte să stau pe un scăunaş, în stînga lui. Îi arăt sandala, explicîndu-i pe muteşte ce vreau.
— *Gallicos?* mă intreabă.   — *Ohi, Rumanos,* îi răspund. — Eu m-am născut la Brăila! exclamă bucuros cizmarul, pe româneşte. — Şi cum de-ai ajuns în Hydra? — Eram bolnav de piept. Am venit aici, e aer mai bun. — Dar la Olteniţa, ai fost? îl întreb, însufleţit brusc de o speranţă. (Acolo am copilărit eu; tot pe malul Dunării, ca şi Brăila). — Nu, am trecut doar, odată, cu vaporul.
. . . Îl privesc lung. Cum seamănă cu David, tîmplarul din Olteniţa, la care mă duceam să-mi şlefuiesc popicele! Avea tot

The cat is moving away inaudibly with her padded step. She goes along with eyes closed; only a faint whimpering is heard now and then, as though she is dreaming in her sleep. When did she become so beautiful? Her coat is shining like silk. I am filled with an incomprehensible misgiving.

The road begins to climb up steps of worn rock, filled up at the cracks and whitewashed. No more flowers are to be seen. Only low walls like gentle white drifts. Behind them deep verandahs with unglazed windows at the back; but no one anywhere. The lane is growing narrow and round, like a blinding tunnel of blazing snow. The stone slabs of the ascent are no longer distinguishable in a continuous undulation of petrified snowdrifts.

At the end of the tunnel, on a covered verandah, an old woman in black is spinning. Under her kerchief I can only see her cheek, wrinkled like a walnut, and her drawn lipless mouth. "*Kalimera!*", I greet her, taking off my cap. She rocks her arms with her spindle and distaff from one side to the other, slightly bowing her head. Hasn't she heard me, or am I . . . ? I should like to ask her about a cobbler, but I don't know how; and I lower myself on to one knee and show her my sandal with the strap torn off. The old woman does not raise her eyes, but without stopping her spinning moves her withered hands again in a gesture which may mean: "That way, nearby."

Where can the cat have vanished to? I move on alone, along the road—now straight. The lane broadens. After a few paces, on the right, where there is a little shade, I stop before an opening like an empty unglazed shopwindow. I could easily step over the low threshold, straight inside. Bending over the table a man in a white shirt with rolled up sleeves and with a black apron round his waist is hammering gently on a last between his knees. I greet him from the window, then cross the doorless threshold alongside into the workshop. He invites me to sit on a little chair on his left. I show him the sandal, explaining what I want in dumb show.

"*Gallikos?*" he asks. "*Ohi, Rumanos,*" I reply. "*I* was born at Braila!" exclaims the cobbler joyfully in Rumanian. "And how did you get to Hydra?" "I had chest trouble. I came here; it's better air." "But have you been to Oltenitza?" I ask him, suddenly animated by a hope. (That's where I spent my childhood; it's on the bank of the Danube too, like Braila). "No, I've only passed once in the steamer."

I look hard at him. How much he is like David, the carpenter at Oltenitza to whom I used to go to have my whipping-tops polished!

felul de pile și glaspapiruri. Îmi plăcea mirosul de lemn crud din atelier. Şedeam uneori, cu el și cu Petruș, nepotu-său, cît-o dupamiază întreagă. Ne spunea povești cu strigoi, pe care le ascultam înfiorați, ronțăind semințe de dovleac prăjite. "Cînd te strigă pe nume, în puterea nopții, să nu întorci capul, că rămîi cu gîtul strîmb, toată viața . . ."

A murit de oftică, tînăr: n-avea 40 de ani. Cizmarul din Hydra pare de vreo 35. Ochii negri, adînci, cu privirea caldă, par scufundați în fața străveziu de palidă. În timp ce-mi repară sandala, povestește despre traiul tihnit din insulă, unde cîștigă puțin, însă de ajuns pentru familia lui: nevasta și un băiețel de doi ani. Apoi mi-o cere și pe cealaltă, întărește o cusătură, mai bate o țintă și mi le văcsuiește. Mă întreabă dacă sînt grăbit; cînd îi spun că n-am nimic de făcut, se scoală de pe scăunașul de piele, rugîndu-mă să-l scuz, și dispare pe ușa din fund.

Îmi pun ciorapii și sandalele. Așa frumoase n-au arătat ele de cînd le-am cumpărat! Mă ridic în picioare și calc mîndru. Pe masa cizmarului zăresc o pereche de sandale; nu seamănă cu ale mele. Două tălpi argintii, ca de mătase, cu cîte o pereche de șuvițe încrucișate, albe. Par nepurtate. Pe peretele dinapoi, o poliță de scîndură, goală, cu un calendar de anul trecut, fără foi, deasupra și chipul unui vlădică sau al unui sfînt, poate sfîntul Niculae . . .

Cizmarul se întoarce cu o tăviță de argint rotundă, pe care aburește o ceașcă minusculă, alături de o prăjitură și un pahar de apă. Îi mulțumesc emoționat și adaug: — Păcat că nu-i mai aproape Hydra. Aș mai veni. — Ai să mai vii, zice el, simplu, firesc. Îi ofer o țigară. Nu fumează. A luat una din sandalele de pe masă și coase, c-un fir atît de subțire că nu-l văd. Am terminat prăjitura de casă, cu gust și aromă de vanilie; acum sorb cîte puțin din cafea și cîte un fum de țigară. Simt o amețeală plăcută și urmăresc printre pleoapele întredeschise mîna cizmarului, care poartă lin firul nevăzut, ca un descîntec tăcut. Vreau să spun ceva și chiar spun—însă buzele îmi rămîn nemișcate. Cizmarul ridică încet capul și se uită la mine surîzător. Acum vorbim în tăcere și mă mir cum se întîlnesc vorbele noastre negrăite, potrivindu-se vorbă cu vorbă, neauzit . . .

E o liniște de somn și totuși mi se pare un freamăt în odaie. A trecut peste pragul scund al ferestrei și acum e aici' înăuntru. Se mișcă neauzit, într-o lumină pe care n-o văd, însă o știu, căci pleoapele nu îndrăznesc să le deschid. Mi-e teamă ca de-o ispită. Dacă le-aș

THE COBBLER OF HYDRA

He had all sorts of files and glasspaper. I used to like the smell of unseasoned wood in his workshop. Sometimes I would sit with him and his nephew Petrush for a whole afternoon. He told us ghost stories, to which we listened in terror, chewing roasted pumpkin seeds. "When you are called by name at dead of night, don't turn your head, or you'll be left with your neck askew all your life!"

He died young of consumption; he wasn't forty. The cobbler of Hydra looks about thirty-five. His deepset black eyes with their warm gaze seem sunk in his transparently pale face. While he repairs my sandal, he talks of the quiet life of the island, where he earns little, but enough for his family: his wife and a two-year-old boy. Then he asks me for the other, strengthens a seam, knocks in another nail and polishes them for me. He asks me if I am in a hurry: when I tell him that I have nothing to do, he gets up off the leather chair, asking me to excuse him, and disappears through the door at the back.

I put on my socks and sandals. They haven't looked so beautiful since I bought them! I stand up and tread proudly. On the cobbler's table I notice a pair of sandals; they are not like mine. Two silvery soles, as though of silk, with a pair each of crossed white bands. They look unworn. On the wall behind, an empty board shelf with a leafless calendar for last year above and the picture of a bishop or a saint, perhaps St. Nicholas.

The cobbler returns with a round silver salver, on which steams a tiny cup beside a cake and a glass of water. I am touched and thank him, adding; "A pity Hydra isn't nearer. I should come again." "You will come again" he says, simply and naturally. I offer him a cigarette. He doesn't smoke. He has taken one of the sandals off the table and is sewing with a thread so fine that I cannot see it. I have finished the home-made cake with its taste and fragrance of vanilla; now I sip a little of the coffee and a puff of the cigarette. I have a pleasant dazed feeling and through my half-open lids follow the cobbler's hand, which is quietly guiding the unseen thread like a silent spell. I try to say something and actually say it—but my lips remain motionless. The cobbler slowly raises his head and looks at me with a smile. Now we are conversing in silence and I am surprised how our unspoken words meet, fitting themselves word to word inaudibly . . .

There is a calm as of sleep and yet I seem to hear a murmur in the room. It has crossed the low sill of the window and now it is here inside. It is moving inaudibly in a light which I do not see but know to be there, for I do not dare to open my eyes. I am afraid as

desface puțin?... Freamătul s-a mișcat, e din nou la fereastră. Să încerc acum... o clipă... Dar nici nu știu dacă le-am deschis—și-mi strîng pleoapele brusc, orbit de o lumină...
 Am umblat prea mult în soare, mă gîndesc. De nu mi s-ar face rău. Dar acum mi-e bine, cum nu mi-a fost din copilărie... Ce-o fi făcînd cizmarul?... Se uită la mine surîzînd, cu mîinile în poala șorțului, goale. Sandalele nu sînt nicăieri. Îl privesc întrebător.
— Le-a luat, îmi răspunde. Aș vrea să mai întreb, dar s-a făcut seară. — Ce păcat!... Mîine trebuie să plec, spun. — Păcat, zice el. Să mai vii. Mă sfiesc să-l întreb ce-i datorez—dar l-am întrebat?, căci el îmi răspunde: — Nimic. — Bine, dar ai lucrat, protestez. Uite! Și-i arăt sandalele. — Mi-a făcut plăcere. N-am mai vorbit romînește de mult. Și mă privește blînd, stăruitor.
— Aș mai rămîne, aici, șoptesc. Dar acum trebuie să plec. Se face noapte... Cum să-ți mulțumesc? Poate mîine...
 Ies în uliță. Cerul deasupra e negru, dar între ziduri plutește nemișcat un abur de fosfor. Umblu atent, alegîndu-mi pașii. Deodată tresar și mă opresc înfiorat. Parcă mă strigă cineva, pe nume, din urmă... "Să nu întorci capul...". Pornesc iute și din nou mă cheamă, dar numele îl aud în mine, dinăuntru și totuși îmi pare de foarte departe, dintr-o amintire uitată. Al meu? ... Aș vrea să întreb, dar nu e nimeni...
 Acolo, peste cîțiva pași, licărește un miez galben în fundul aerului negru, îngroșat. Mă apropii tiptil, ținîndu-mi răsuflarea. E o biserică deschisă. Respir adînc, în prag, mireasma pipărată, de tămîie. Din bolta învăluită într-o pîclă de amurg se lasă peste altar o ceață subțire. Dinaintea lui se roagă îngenunchiată o femeie în negru. Cînd se ridică să plece, flacăra lumînării pîlpîie ușor, apoi crește lung, tremurînd, pînă se oprește, dreaptă și albă; dar mie mi se pare că vîrful de foc străpunge mereu prin întuneric și acum aștept să ardă tot întunericul, să fie numai lumină... "Așa ceva nu se poate", mă gîndesc, surprins de claritatea gîndului—un gînd străin, pe care nu-l recunosc. Însă flacăra lumînării scade repede, iar întunericul din jurul ei se adună repede, din nou îngroșat...
 La hotel mă dezbrac în grabă și întind sub cearceaful răcoros, în patul de sub fereastră. Obrajii și fruntea îmi ard. Mi-e sete. Apa din ibric e caldă, sălcie. Iau un măr de pe fereastră' mușc cu poftă,

of a temptation. Suppose I open them a little? . . . The murmur has moved, it is again at the window. Let me try now . . . for a moment. But I do not even know whether I have opened them—and I squeeze my lids together suddenly, blinded by a light.

I have gone about in the sun too much, I think to myself. If only I don't come to any harm! But now I feel happy, as I haven't felt since childhood. What can the cobbler be doing? He is looking at me with a smile, his hands in the lap of his apron, empty. The sandals are not there. I look at him questioningly. "They've been taken!" he answers. I should like to ask more, but evening has come. "What a pity! Tomorrow I must leave," I say. "A pity!," says he, "Come again." I am shy of asking him what I owe. Or have I asked him? for he answers "Nothing." "Well, but you've worked," I protest, "Look!" And I show him the sandals. "It was a pleasure. I haven't spoken Rumanian for a long time." And he gives me a kind, insistent look. "I should like to stay on here," I whisper, "but now I must go. Night is coming on. How can I thank you? Perhaps tomorrow . . ."

I go out into the lane. The sky above is black, but motionless between the walls floats a phosphorescent sheen. I walk carefully, picking my steps. Suddenly I start and stop with a shudder. Someone from behind seems to be calling me by name. "Don't turn your head." I move on quickly and am called again; I hear the name within me, and yet it seems to come from very far away, from a forgotten memory. *My* name? I should like to ask, but there is no one.

After a few steps a yellow core flickers in the background of thick black air. I approach stealthily, holding my breath. It is an open church. On the threshold I take a deep breath of the pungent odour of incense. From the roof, veiled in thick darkness, a thin mist is dropping over the sanctuary. Before it a woman in black is praying upon her knees. When she gets up to go, the candle flame flickers slightly, then grows long, quivering, till it stops, straight and white; but it seems to me that the fiery tip goes on piercing through the darkness, and now I am waiting for the whole darkness to be on fire, to be nothing but light. "Such a thing is impossible," I think to myself, surprised by the clarity of my thought—an alien thought which I do not recognise. But the flame of the candle swiftly sinks, and the darkness around it gathers close, thickening again.

At the hotel I quickly undress and stretch myself out under the cool sheet in the bed beneath the window. My cheeks and forehead are burning. I am thirsty. The water in the *ibric* is warm and salty.

dar e veşted, fără suc. Mă întind iar sub cearceaf şi încerc să adorm. Somnul nu vine. Desfac perdelele şi luna plină se revarsă în odaie, înecînd podeaua într-un lac de oglindă. Stîncile sau ruinile schitului pîlpîie-n loc, prin aerul fumuit, ca năluci. ". . . Acolo e locaşul Ielelor", ne povestea David, mie şi lui Petruş. "Noaptea ies în bătaia lunii, joacă şi vrăjesc. Dacă te uiţi în lună, Ielele coboară pe raze şi-ţi iau minţile . . .". Zîmbesc. Acum mi-e tot una. N-au ce-mi lua. Mîine mă duc iar, sus, şi n-am să mai plec . . .

Aţipisem, dar m-a trezit setea. Îmi simt gîtlejul uscat şi limba scămoasă. Mă uit afară. Prin aerul argintiu, stîncile tremură uşor ca nişte flăcări albe, unduiesc tot mai aproape una de alta pînă se ajung şi se înlănţuie într-o horă care se mişcă încet, rotund, apoi din ce în ce mai iute, ameţitor. Îmi aud dinţii clănţănind. "Apă!" şoptesc . . . Aproape, îndărătul ferestrei, acum chiar în fereastră . . . ca o umbră de mînă dintr-o umbră de mînecă . . . dar orbitoare . . . Şi un freamăt neauzit, însă ştiu că e freamăt . . . aici . . . lîngă mine. Strîng pleoapele tare, cît pot . . .

Cînd redeschid ochii, stîncile tremură-n loc nemişcat, în bătaia lunii care pune o pată sticloasă pe smalţul negru al urciorului din fereastră. Îl cuprind cu amîndouă mîinile—îi simt răcoarea în palme—şi sorb . . . E atît de rece, că prima înghiţitură de apă o clătesc întîi în gură. Apoi beau încet, rar şi răsuflu adînc. Ce bună e! Acum am să pot dormi.

Discul lunii pare stins, cerul de hîrtie, stîncile cenuşii . . .

Mă trezesc speriat. Ce oră să fie? N-am ceas. Urciorul a dispărut. Trebuie să-l fi luat cine l-a pus. Bătrînul? . . . Îl aud în bucătărie. Vine la fereastră, cu o ceşcuţă de cafea şi un pahar de apă, pe o tavă de tablă cu vopseaua cojită. Îmi arată ceasul, fără să-l întreb. Trecut de 12. Vaporul pleacă pe la 2. — *Evharisto!* îi mulţumesc, gîndindu-mă la apa de peste noapte—şi cu mîinile desenez în aer forma urciorului; însă bătrînul se uită nedumerit la mine şi dă din umeri, clătinînd şi din cap. N-am timp să-i explic, dar n-are importanţă, acum. Foame nu mi-e; mă simt istovit. Aş sta întins undeva, la umbră, cu ochii pe apă, însă nu mai e timp. Parcă promisesem? . . . A, da, cizmarul . . . Nu mai e timp. Păcat . . .

I take an apple from the window ledge, and bite it eagerly, but it is withered and has no juice. I stretch out again under the sheet and try to drop off to sleep. Sleep does not come. I draw the curtains and the full moon pours into the room, drowning the floor in a lake of glass. The rocks or ruins of the hermitage flickering through the hazy air like ghosts. "That's where the Fairies live," David used to tell us, tell me and Petrush. "At night they come out into the moonlight, dance and cast spells. If you look at the moon, the Fairies come down the rays and steal your wits away." I smile. It's all the same to me now. They've nothing to steal from me. Tomorrow I shall go back up there and never go away again.

I had dozed off, but thirst has awakened me. My throat feels dry and my tongue furry. I look out. Through the silvery air the rocks are quivering slightly like white flames, and waver ever closer to one another till they join and form a chain in a round dance which moves slowly, then ever swifter and more dizzily. I hear my teeth chattering. "Water!" I whisper. Close by, outside the window—now right in the window . . . as it were the shadow of a hand from the shadow of a sleeve—but blinding. And an inaudible murmur, but I know that it is a murmur, here, beside me. I close my eyelids as tight as I can.

When I reopen my eyes, the rocks are trembling without moving from their place, in the light of the moon which is putting a glassy patch on the black enamel of the jug in the window. I take it in both hands—feel its coolness in my palms—and sip. It is so cold that with the first gulp of water I rinse my mouth. Then I drink quietly and slowly and take a deep breath. How good it is! Now I can sleep. The disc of the moon looks dim, the sky papery, the rocks ashen.

I awake with a start. What can the time be? I have no watch. The jug has vanished. Whoever put it there must have taken it. The old man? I hear him in the kitchen. He comes to the window with a cup of coffee and a glass of water on a tin tray with peeling paint. He shows me the time without my asking. Past twelve. The steamer leaves at two. "*Evharisto!*" I say gratefully, thinking of last night's water, and with my hands sketch the shape of the jug in the air; but the old man gives me a puzzled look and shrugs his shoulders, shaking his head as well. I haven't time to explain, but it doesn't matter now. I'm not hungry; I feel exhausted. I should like to lie down somewhere in the shade with my eyes on the water, but there's not time. I've a feeling I'd made a promise, hadn't I? . . . Ah yes, the cobbler. There's not time. A pity.

Îmi iau rămas bun de la bătrîn şi mă duc la birt. Cer o felie de brînză albă, cu salată de roşii. Cînd termin, îmi aprind o ţigară. Atunci se pornesc din insulă dangăte prelungi, cu vibraţii grave, de orgă. Întreb pe birtaşul care mi-aduce cafeaua: — De ce bat clopotele? — A murit cizmarul de sus, de lîngă biserică, săracu'. Era ofticos. Nu mai lucra de astă iarnă. Rămîne văduva amărîtă c-un copil mic . . . Mă uit pe furiş la vîrful sandalelor, sub masă, şi întreb: — Cînd vine vaporul? — Pînă într-o oră. — Pot să las valiza aici? Mă întorc, cum aud sirena. — Să nu zăboviţi, că mult nu stă.

Mă reped în dreapta cafenelei, spre uliţa de ieri, dar pînă să dau de ea am ajuns aproape de hotel; nu e asta. Mă întorc la birt, alergînd, alta nu e. Apoi din nou spre hotel. "Oricum, trebuie să ajung şi pe acolo, mă gîndesc. Nu poate fi departe." Soarele arde drept deasupra. Mă uit la case, la ziduri: nu seamănă cu cele de ieri. Bine înţeles. Era alt drum. Nici copacul cu flori ca de crin, glicinele, tufişurile de *bougainvilliers*, nu se văd . . .

Urc greu, pe lespezi cu muchii ascuţite. Mai departe, uliţa se desface în două. Pe unde să apuc? La stînga, îmi fac iute socoteala. După cîteva case, ajung la nişte rîpi cu gunoaie. Dincolo de ele zăresc, departe, stîncile de ieri, care-mi par acum pietrele unui cimitir. Mă întorc la furca drumului şi apuc spre dreapta, dar peste cîţiva paşi dau de alte rîpi, bălărite, pe unde pasc nişte capre. Casele reîncep mai încolo; deasupra lor, în fund, turla unei biserici. "Trebuie să mă grăbesc", îmi zic, şi încep să alerg dealungul rîpei.

Nu se mai termină. Sar printre bolovani şi scăieţi. O tufă de bălării cu foi ghimpoase îmi taie drumul. E plină de flori ca nişte cornete, vinete cu pistrui verzi. O duhoare otrăvită, de mortăciune, mă întîmpină. Ocolesc în fugă, ferindu-mă de un bolovan, dar mă poticnesc în altul, cad în genunchi şi sandala dreaptă îmi sare din picior. Cînd s-o încalţ, văd că i s-a smuls bareta din cusătură. Mi-o leg strîns, cu batista. Merge şi aşa, dar nu mai pot alerga. Îmi vine să plîng de necaz, însă biserica e aproape. De-a curmezişul uşii, un drug de fier zăvorît la un capăt c-un lacăt enorm, ruginit. Pare pustie. De cînd nu s-o mai fi slujit în ea? Mă uit în clopotniţă: de pîrghia fără clopot atîrnă un ştreang putred, scurt . . . Intru în uliţă şi merg încet, privind peste ziduri, casă cu casă. Numai obloane trase, peste tot—şi nimeni. Unde-o fi? . . .

I say goodbye to the old man and go to the restaurant. I ask for a slice of white cheese with tomato salad. When I finish, I light a cigarette. Then from the island comes the sound of tolling, long notes with deep organ-like reverberations. I ask the restaurant proprietor who brings me the coffee: "Why are the bells ringing?". "The cobbler up by the church has died, poor man. He was consumptive. He hadn't been working since last winter. His widow is left badly off with a small child." I look stealthily at the tip of my sandals under the table and ask: "When does the steamer arrive?" "In an hour's time." "Can I leave my bag here? I'll come back when I hear the hooter." "Don't be late; it doesn't stay long."

I hasten to the right of the café, to yesterday's lane, but before finding it I've almost reached the hotel; it's not this one. I run back to the restaurant; there is no other lane. Then to the hotel again. "Anyway, I'm bound to get there," I think to myself; "it can't be far." The sun is burning right overhead. I look at the houses and the walls; they are not like those of yesterday. Of course. It was another road. The tree with blooms like lilies, the wistarias, the clumps of bougainvillea, are not to be seen.

I have a hard climb up slabs with sharp edges. Further on, the lane splits in two. Which way am I to take? "To the left", I calculate rapidly. After a few houses I reach some rubbish dumps. Beyond them I see, far off, yesterday's rocks, which now look like the stones of a graveyard. I go back to the fork in the road and take the right, but after a few steps I come to other weedy banks on which a few goats are grazing. The houses begin again further on; above them in the background the cupola of a church. "I must hurry," I say to myself and begin to run along the bank.

It is never-ending. I leap between boulders and thistles. A thicket of weeds with prickly leaves bars my way. It is covered with trumpet-shaped flowers, dark-blue with greenish blotches. A poisonous corpse-like stench greets me. I hastily turn aside, dodging a boulder, but trip over another one and fall on my knees; my right sandal flies off my foot. When I try to do it up, I see that the strap has been torn off at the seam. I tie it round tightly with my handkerchief. It works, but I can't run any more. I feel like crying with vexation, but the church is near. Across the door, an iron bar fixed at one end with an enormous rusty padlock. It seems deserted. How long can it be since there was a service there? I look at the belfry: from the headstock which has no bell hangs a short rotten rope. I go into the lane and walk slowly, looking over walls, house by house. Only drawn shutters everywhere—and nobody. Where

Nimic nu mai seamănă . . .

De-aici încolo drumul coboară. Deodată ţipătul sirenei sfîşie văzduhul. Ecoul revine săltat, din fundul insulei, de cîteva ori. Mă uit într-acolo şi văd un şir de gîngănii negre care se tîrăsc în sus, printre stînci. Poartă ceva în mijlocul lor—nu desluşesc—ceva lunguieţ, negru. Un dangăt subţire, abia auzit, vine pe-o adiere, dar ţipătul sirenei umple din nou văzduhul. Trebuie să mă grăbesc —şi dau fuga devale, călcînd apăsat pe piciorul stîng, cu celălalt abia din vîrf, de teamă să nu-mi pierd sandala—însă ţine . . .

. . . Parcă m-ar alunga cineva din urmă, dar şi din timp, de foarte departe, pînă unde mi-aduc aminte, din copilărie; şi deodată *mă văd* alergînd, ca şi cum ar fi altcineva, oricine; care aleargă fiindcă n-are ce face, fiindcă nu e nimic de făcut; însă aleargă mereu, în neştire, zadarnic . . .

Stau singur, la pupa NEREIDEI, cu ochii duşi pe apă. Departe, la zare, insula Hydra se topeşte într-o ceaţă tremurată. Cerul pustiu e înalt; marea clară, albastră pînă-n fundul adînc. Ascult cu nesaţ foşnetul nenumărat al spumei, pînă ce liniştea deasupra cu aceea din mine întind o singură linişte, peste care cutreieră gol un gînd al nimănui; iar eu uit că mai sînt, lecuit şi de gînduri, şi de dorinţi, de orice . . .

can it be? Nothing looks the same any more.

From this point the road descends. Suddenly the scream of the hooter rends the air. The sound comes back reechoed several times from the depths of the islands. I look that way and see a string of black insects crawling up through the rocks. They are carrying in their midst—I cannot make it out clearly—something long and black. A thin tolling, almost inaudible, is wafted down, but the scream of the hooter again fills the air. I must hurry—and I run downhill, treading heavily on my left foot and barely with the tip of the other, for fear I should lose my sandal—but it holds.

It's as though someone were chasing me from behind, but also from the past, from very far, as far back as I can remember, in my childhood; and suddenly *I see myself* running, as if it were someone else, anyone; who runs because he has nothing to do, because there is nothing to be done; but keeps on running, unconsciously, vainly.

I am standing alone on the stern of the *Nereid* with my eyes travelling over the water. Far away on the horizon the island of Hydra melts into a quivering haze. The barren sky is lofty; the sea clear, and blue to its depths. Insatiably I listen to the countless swish of the foam, until the peace above and the peace within me spread a single peace, over which a thought that belongs to no one flits naked; and I forget that I still exist, cured of thoughts, desires and all.

Notes

Douăsprezece mii de capete de vită

p. 10   *între două vîrste:* lit. "between two ages."
nu mai vin: lit. "they're no longer coming."
îşi lăsă capul pe ceafă: lit. "he let his head on the nape."

p. 12   *parcă:* here used as a conjunction meaning "as if."
cică: zice că "one says that . . ."

p. 16   *femeie de condiţie:* lit. "woman of standing."

p. 18   *nu te mai ruga că tragi a rău:* lit. "pray no more because you forebode ill." *a* is here a preposition, cf. *miroase a ceapă* "it smells of onion."

p. 22   *mama voastră de nebuni:* the word *mama* is used, as so often, to form an oath.

Un om mare

p. 38   *creşte-mi-ar numele de nu s-ar mai auzi:* lit. "may my name grow so that it's never heard of again!" *creşte-mi-ar* is the inverted form of optative used in wishes and curses.

p. 42   *cu găleata:* lit. "in bucketfuls."
mă: form of address used between men.

p. 72   *ucigă-l Crucea!:* a euphemism for "the Devil." lit. "may the Cross slay him!"

Cizmarul din Hydra

p. 76   *se împlinesc:* lit. "are fulfilled."
să încapă: lit. "to find room."

p. 84   *am înţeles:* lit. "I have understood."
ibric: a long-handled pot for making Turkish coffee.
n-o chema: lit. "didn't one call her . . .?"
birtaşului să-i zică Poseidon: lit. "that one should call the restaurant-keeper Poseidon."

p. 86   *aşa îmi trebuie:* lit. "thus it is necessary to me," i.e. "that's what I deserve."
mă cert: lit. "I scold myself."

p. 96   *pîrghia:* lit. "the lever," the "head stock" from which the bell is hung and which swings it.

Other Titles from
FOREST BOOKS

International Poetry Series

THE NAKED MACHINE Selected poems of Matthías Johannessen.
Translated from the *Icelandic* by Marshall Brement.
(Forest/Almenna bokáfélagid)
0 948259 44 2 cloth £7.95   0 948259 43 4 paper £5.95   96pages   Illustrated

ON THE CUTTING EDGE Selected poems of Justo Jorge Padrón.
Translated from the *Spanish* by Louis Bourne.
0 948259 42 6 paper £8.95   176 pages

ROOM WITHOUT WALLS Selected poems of Bo Carpelan.
Translated from the *Swedish* by Anne Born.
0 948259 08 6 paper £7.95   144 pages.   Illustrated

CALL YOURSELF ALIVE? The love poems of Nina Cassian.
Translated from the *Romanian* by Andrea Deletant and
Brenda Walker. Introduction by Fleur Adcock.
0 948259 38 8 paper £6.95.   96 pages.   Illustrated

A VANISHING EMPTINESS Selected poems of Willem M. Roggeman.
Edited by Yann Lovelock. Translated from the *Dutch*.
0 948259 51 5 paper £7.95   112 pages.   Illustrated

PORTRAIT OF THE ARTIST AS AN ABOMINABLE SNOWMAN
Selected poems of Gabriel Rosenstock translated from the
Irish by Michael Hartnett. New Poems translated by Jason Sommer.
0 948259 56 6 paper £7.95   112 pages   Dual text

LAND AND PEACE Selected poems of Desmond Egan.
Translated *into Irish* by Michael Hartnett, Gabriel Rosenstock,
Douglas Sealey and Tomas MacSiomoin. Dual text.
0 948259 64 7 paper £7.95   112 pages

THE EYE IN THE MIRROR Selected poems of Takis Varvitsiotis.
Translated from the *Greek* by Kimon Friar. (Forest/Paratiritis)
0 948259 59 0 paper £8.95   160 pages

THE WORLD AS IF Selected poems of Uffe Harder.
Translated from the *Danish* by John F. Deane and Uffe Harder.
(Dedalus/Forest)
0 948259 76 0 paper £4.95   80 pages

SPRING TIDE Selected poems of Pia Tafdrup.
Translated from the *Danish* by Anne Born.
0 948259 55 8 paper £7.95   96 pages

SNOW AND SUMMERS Selected poems of Solveig von Schoultz.
Translated from *Finland/Swedish* by Anne Born.
Introduction by Bo Carpelan. Arts Council funded.
0 948259 52 3 paper £7.95   112 pages

Footprints of the Wind Selected poems of Mateja Matevski.
Translated from the *Macedonian* by Ewald Osers.
Introduction by Robin Skelton. Arts Council funded.
0 948259 41 8 paper £6.95   96 pages. Illustrated

Ariadne's Thread An anthology of contemporary Polish women poets. Translated from the *Polish* by Susan Bassnett and Piotr Kuhiwczak. UNESCO collection of representative works.
0 948259 45 0 paper £6.95   96 pages

Poets of Bulgaria An anthology of contemporary Bulgarian poets. Edited by William Meredith. Introduction by Alan Brownjohn.
0 948259 39 6 paper £6.95   112 pages

Fires of the Sunflower Selected poems by Ivan Davidkov.
Translated from the *Bulgarian* by Ewald Osers.
0 948259 48 5 paper £6.95   96 pages.   Illustrated

Stolen Fire Selected poems by Lyubomir Levchev.
Translated from the *Bulgarian* by Ewald Osers.
Introduction by John Balaban.
UNESCO collection of representative works.
0 948259 04 3 paper £6.95   112 pages.   Illustrated

An Anthology of Contemporary Romanian Poetry
Translated by Andrea Deletant and Brenda Walker.
0 9509487 4 8 paper £6.95   112 pages.

Gates of the Moment Selected poems of Ion Stoica.
Translated from the *Romanian* by Brenda Walker and Andrea Deletant. Dual text with cassette.
0 9509487 0 5 paper £6.95   126 pages   Cassette £3.50 plus VAT

Silent Voices An anthology of contemporary Romanian women poets. Translated by Andrea Deletant and Brenda Walker.
0 948259 03 5 paper £8.95   172 pages

Exile on a Peppercorn Selected poems of Mircea Dinescu.
Translated from the *Romanian* by Andreà Deletant and Brenda Walker.
0 948259 00 0 paper £7.95   96 pages.   Illustrated

Let's Talk About the Weather Selected poems of Marin Sorescu
Translated from the *Romanian* by Andrea Deletant and Brenda Walker.
0 9509487 8 0 paper £6.95   96 pages

The Road to Freedom Poems and Prose Poems by Geo Milev
Translated from the *Bulgarian* by Ewald Osers.
UNESCO Collection of representative works
0 948259 40 X paper £6.95   96 pages   Illustrated

In Celebration of Mihai Eminescu Selected poems and extracts translated from the *Romanian* by Brenda Walker and Horia Florian Popescu. Illustrated by Sabin Balaşa.
0 948259 62 0   Limited edition £20   176 pages

Through the Needle's Eye Selected poems of Ion Milos.
Translated from the *Romanian* by Brenda Walker and Ion Milos.
0 948259 61 2 paper £6.95   96 pages.   Illustrated

JOUSTS OF APHRODITE Poems collected from the Greek Anthology Book V
Translated from the *Greek* into modern English by Michael Kelly.
0 948259 05 1 cloth £6.95   0 948259 34 5 paper £4.95   96 pages

FISH-RINGS ON WATER Selected poems by Katherine Gallagher,
the *Australian* poet. Introduced by Peter Porter.
0 948259 75 2   paper £6.95   96 pages   Illustrated

PIED POETS An anthology of Romanian Transylvanian and Danube poets
writing in German. Translated from the *German* by Robert Elsie.
Dual text English/German. Arts Council funded
0 948259 77 9   paper £9.95   192 pages

LOVE SONNETS OF THE RENAISSANCE
Translated from the *French*, *Italian* and *Spanish* and *Portuguese*
by Laurence Kitchin.
0 948259 60 4   paper £6.95   96 pages   Dual text

BEFORE WE WERE STRANGERS Poems by the *American* poet Nadya Aisenberg.
Introduced by Sylvia Kantaris.
0 948259 81 7   paper £6.95   96 pages

WASTELANDS OF FIRE Poems by Ku Sang.
Translated from the *Korean* by Anthony Teague.
0 948259 82 5   paper £7.95   144 pages

CLOSED CIRCUIT by Shadab Vajdi.
Translated from the *Persian* by Lotfali Kohonji and introduced
by Peter Avery.
0 948259 78 7   paper £6.95   96 pages

STEP HUMAN INTO THIS WORLD Poems by Olaf Munzberg.
Translated from the *German* by Mitch Cohen.
0 948259 53 1   paper £6.95   96 pages

ENCHANTING BEASTS An anthology of Finnish women poets.
Translated from the *Finnish* and the *Swedish* by Kirsti Simonsuuri.
0 948259 68 X   paper £8.95   160 pages

International Drama Series

THE THIRST OF THE SALT MOUNTAIN Three plays by Marin Sorescu
(Jonah, The Verger, and the Matrix) Translated from the *Romanian*
by Andrea Deletant and Brenda Walker.
0 9509487 5 6 paper £7.95   124 pages.   Illustrated

VLAD DRACULA THE IMPALER A play by Marin Sorescu
Translated from the *Romanian* by Dennis Deletant.
0 948259 07 8 paper £6.95   112 pages.   Illustrated

International Short Story Series

RUNNING TO THE SHROUDS Six sea stories of Konstantin Stanyukovich.
Translated from the *Russian* by Neil Parsons.
0 948259 06 X paper £6.95   112 pages.

HEARTWORK Stories of Solveig von Schoultz.
Translated from *Finland/Swedish* by Marlaine Delargy and
Joan Tate. Introduction by Bo Carpelan.
0 948259 50 7 paper £7.95   144 pages

THICKHEAD AND OTHER STORIES by Haldun Taner.
Translated from the *Turkish* by Geoffrey Lewis.
UNESCO collection of representative works.
0 948259 58 2 paper £8.95   176 pages

YOUTH WITHOUT YOUTH and other Novellas by Mircea Eliade.
Edited and with an introduction by Matei Calinescu.
Translated from the *Romanian* by MacLinscott Ricketts.
0 948259 74 4 paper £12.95   328 pages

A WOMAN'S HEART Stories by Jordan Yovkov.
Translated from the *Bulgarian* by John Burnip.
0 948259 54 X paper £9.95   208 pages

THE SEER AND OTHER STORIES by Jonas Lie.
Translated from the *Norwegian* by Brian Morton and Richard Trevor.
0 948259 65 5 paper £9.95   208 pages

THE TALISMAN Stories and poems by Ganga Prasad Vimal.
Edited by Wendy Wright. G.L.A. funded.
0 948259 57 4 paper £9.95   208 pages   Dual text English/Hindi.

PREPARATIONS FOR FLIGHT and other Swedish stories.
Translated from the *Swedish* by Robin Fulton
0 948259 66 3 paper £8.95   176 pages